Pierre Franckh

Wünsch es dir einfach – aber mit Leichtigkeit

Pierre Franckh

Wünsch es dir einfach –
aber mit Leichtigkeit

Wichtiger Hinweis

Die im Buch veröffentlichten Ratschläge wurden von
Verfasser und Verlag sorgfältig erarbeitet und geprüft.
Eine Garantie kann dennoch nicht übernommen werden.
Ebenso ist die Haftung des Verfassers bzw. des Verlages
und seiner Beauftragten für Personen-, Sach- und
Vermögensschäden ausgeschlossen.

© KOHA-Verlag GmbH Burgrain
Alle Rechte vorbehalten
2. Auflage 2008
Lektorat: Michaela Merten
und Birgit-Inga Weber
Umschlag: HildenDesign, München
© Shutterstock
Gesamtherstellung: Karin Schnellbach
Druck: CPI, Moravia
ISBN 978-3-86728-037-2

Inhalt

In unserer Welt kann sich nur das
verwirklichen, woran wir glauben 9

Mit Leichtigkeit ins Glück 15

So werden Wunder wahr 25
*Eine kleine Gebrauchsanweisung
für richtiges Wünschen* 25

Wünsch dir was – zum Beispiel Geld 32
*Armut ist nur ein Irrtum unserer
Gedanken* 33
*Die zehn wichtigsten Regeln,
um Reichtum in dein Leben zu ziehen* 44
Geldaffirmationen 50
Aus meinem Schatzkästchen 53
Amüsante Geldgeschichten 56
Die Sorge, das Geld wieder zu verlieren 59
*Warum wir uns nicht nur Geld
wünschen sollten* 62
*Wünsche dir lieber gleich, was du mit
dem Geld kaufen würdest* 64

Wünsch dir was –
zum Beispiel Gesundheit 70
   Es gibt eine starke Wechselwirkung
   zwischen Geist und Körper 70
   Der Placeboeffekt 73
   Warum werden wir überhaupt krank? 78
   Der schnellste Weg, seine
   Selbstheilungskräfte anzuregen 80
   Heilsame Affirmationen 86
   Der Gesundheit zuarbeiten 90
   Aus meinem Schatzkästchen 94

Wünsch dir was –
zum Beispiel den idealen Job 99
   Was ist überhaupt der ideale
   Job für mich? 99
   Affirmationen der positiven
   Arbeitseinstellung 101
   Visualisiere deinen Traumjob 106
   Stelle deinen Beruf in den
   Dienst anderer 114
   Stolpersteine beim Wünschen 120
   Wie man es schafft, für lange Zeit
   Erfolg in seinem Beruf zu haben 125
   Aus meinem Schatzkästchen 134

Fragen und Antworten 138
  Kann ich die neue Startbahn am
  Flughafen verhindern? 138
  Kann man seinen Wunsch mit dem
  Zusatz »... oder besser« versehen? 142
  Was tun, wenn man etwas verlegt hat
  und nicht wiederfindet? 146
  Kann man »Daueraufträge« erteilen? 149
  Kann man sich etwas wegwünschen? 150
  Kann man sich Reisen wünschen? 158
  Wenn man sich mehrere Sachen
  gleichzeitig wünscht, in welcher
  Reihenfolge treffen sie dann ein? 163
  Können sich Wünsche sofort erfüllen? 170

Wir müssen uns nicht immer die
ganz großen Dinge wünschen 177

Manches kann auch schiefgehen 191
  Zum Schluss noch etwas zum
  Schmunzeln 195

Ich freue mich über jede neue
Wunschgeschichte von euch 197

Wenn ich daran glaube, es zu können,
werde ich mit Sicherheit
die Fähigkeit dazu entwickeln,
selbst wenn ich sie zu Anfang noch nicht hatte.

GHANDI

In unserer Welt kann sich nur das verwirklichen, woran wir glauben

Jeder Gedanke ist reinste Energie, und diese Energie setzt alles daran, sich zu manifestieren, das heißt, den Gedanken in die Tat umzusetzen. Die ausgesandte Energie sucht sich auf ihrem Weg eine gleichschwingende Energie, nämlich genau so eine, die mit unseren Gedanken in Resonanz steht. Durch die Kraft der Gedanken ziehen wir somit all das, was wir über uns und andere Menschen denken, in unser Leben.

Mit unseren Gedanken senden wir Befehle aus – gleichgültig, ob wir sie bewusst oder unbewusst denken.

Ob wir bestellen, wünschen oder zweifeln: Alles funktioniert ausschließlich durch das Gesetz der Anziehungskräfte. Und da Energie generell keinen eigenen Willen oder moralische Bedenken hat, handelt sie immer nur nach unserer Vorstellungskraft.

Die Energie kann auch nicht erkennen, ob die Erfüllung des Wunsches für uns von großer Bedeutung ist oder ob es sich eher um etwas »Kleines« handelt. Die ausgesandte Energie kennt diesen Unterschied nicht, sie sucht einfach nach einer gleichschwingenden Energie.
Wenn wir uns also nur an die kleinen Wünsche herantrauen, ist dies einzig und allein unsere Entscheidung; der Energie ist das gleichgültig.

**Es sind immer nur wir selbst,
die dem Wunsch die Bedeutung beimessen,
ob er groß oder klein ist.**

Natürlich werden wir uns in diesem Buch auch mit den kleineren Wünschen beschäftigen und genauer betrachten, warum gerade sie für unser tägliches Leben so wesentlich sind.
Um uns jedoch gleich zu Beginn ein bisschen Mut zu machen, damit wir uns ruhig mal an die großen Wünsche heranwagen, beginnen wir mit einer Wunschgeschichte, die sich viele von uns ebenfalls gerne erfüllen würden.

Wie Dagmar durch »Erfolgreich wünschen« ihren Traumpartner fand

Lieber Pierre,
bei Deinem Seminar war ich nur für den ersten Tag angemeldet. Meine Freundin überzeugte mich, mitzukommen. Eigentlich dachte ich während dieses Tages, für mich wäre der zweite Tag viel wichtiger, denn da ging es speziell um Partnerschaft.

Am Ende des Tages überraschte mich meine Freundin damit, dass sie mir den nächsten Tag bezahlte, mich einfach einlud, damit ich endlich meinen Traum- bzw. Wunschmann finden würde.

Somit machte ich alle Übungen mit, verfolgte aufmerksam, wie man Wünsche richtig formuliert und die passenden Gefühle in den Kosmos schickt.

Nun hatte ich also gelernt, stimmige Affirmationen anzuwenden. Nach ein paar Überlegungen wusste ich, dass es für mich wichtig war, erst einmal mein Herz zu öffnen, um die Liebe zuzulassen, denn das hatte ich die Jahre vorher nicht bedacht und wurde immer wieder verlassen. Mein Satz hierfür lautete: »Ich bin offen und bereit für die Liebe.« Was für eine Herausforderung ... Es

fiel mir anfangs schwer, diese Worte überhaupt zu sagen.
Dann benutzte ich folgenden Satz: »Ich habe einen wundervollen Partner, der zu mir passt.«
Und um mein Selbstwertgefühl wiederzufinden: »Ich bin schön, fit und gesund.«
Was nun geschah, ist einfach überirdisch!
Der Mann meiner Freundin feierte seinen 50. Geburtstag, und ich wurde eingeladen. Es kamen viele Gäste, unter anderem ein gut aussehender Mann, Jochen. Es ergab sich in der lustigen Runde, dass Jochen auf einmal sagte, er würde mich mit dem Fahrrad heimbringen. So wurde ich auf dem Gepäckträger nach Hause chauffiert. Das Interessante war, dass wir uns noch nie bewusst begegnet waren, obwohl wir nur 200 Meter voneinander entfernt wohnen, und das in einem kleinen Ort.
Eine Woche später dachte ich: Schade, er läuft mir nirgends über den Weg! Am Wertstoffhof nicht, beim Einkaufen nicht ... Ach ja, und seinen Nachnamen kannte ich auch nicht.
Kurz darauf wollte mein Sohn in den Biergarten, und ich sollte mit. Weil dort sämtliche Freunde meiner Kinder waren, hatte ich zuerst überhaupt keine Lust, mitzugehen. Nachdem wir schon

eine ganze Weile dort verbracht hatten, schaute ich plötzlich in das Gesicht von Jochen, und er schaute genauso überrascht in meine Augen ... Kurze Begrüßung und eine rasche Erklärung, dass er mit Schwager und Schwägerin verabredet sei. Schade.

Aber nach einer weiteren Stunde begegneten wir uns »zufällig« vor der Toilette wieder und dann lud er mich an seinen Tisch ein (ich hatte die ganze Zeit überlegt, wie ich dahin komme). Wir haben wieder viel gelacht.

Dieses Mal brachte ich ihn nach Hause, weil er zu Fuß und ich mit dem Auto da war. Mit einem Lächeln lud er mich noch auf ein Glas Wein ein. Ich blieb bis 5 Uhr bei ihm ... und dann erzählte er mir, dass er genau das Gleiche gedacht hatte wie ich und es schade fand, dass wir uns nicht mehr über den Weg liefen; er war ebenfalls nicht adressfündig geworden, da er meinen Namen nicht kannte. Und an diesem Abend wollte er ebenfalls nicht in den Biergarten und ließ sich schließlich doch überreden. Tja, seither klopfen zwei Herzen ganz heftig!

Aber jetzt kommt's: Bereits vor gut einem Jahr habe ich zwei Deiner Bücher gelesen und in einer ruhigen Stunde eine Aufstellung auf zwei karierten Blättern erstellt. Ich schrieb nieder, wie ich mir meinen Partner konkret vorstellte, bis ins kleinste Detail.

Diesen Wunschzettel gab ich Jochen zu lesen, als wir schon zwei Wochen zusammen waren. Er war so tief berührt, dass ihm die Augen feucht wurden, und er sagte, das sei unglaublich, denn da sei er beschrieben. Mehrere Punkte konnte ich ja noch gar nicht von ihm kennen, nach so kurzer Zeit.

Was ebenfalls spannend ist: Wir fühlten uns von Anfang an, als würden wir uns schon ewig kennen.

Ein Traum und/oder Wunsch ist für uns beide in Erfüllung gegangen.

Alles Liebe

Dagmar

Mit Leichtigkeit ins Glück

Wunder geschehen jeden Tag. Nicht nur im Himalaja bei spirituellen Meistern oder in abgelegenen Dörfern auf der anderen Seite der Weltkugel. Wunder geschehen direkt in unserer Mitte. Wir müssen sie nur zulassen. Stimmt man sich nämlich auf die Existenz von Wundern ein, kann man sie nicht nur wahrnehmen, sondern sie sogar selbst entstehen lassen.

Wir werden im Folgenden von vielen großen und kleinen Wundern zu »hören« bekommen, von Berufswünschen, die sich erfüllt haben, von unverhofftem Geldsegen, gewonnenen Reisen, zurückgewonnener Gesundheit und vielen anderen erstaunlichen Dingen.

Vor allem aber möchte ich das Augenmerk auf die kleinen Wünsche lenken, schließlich sind die unscheinbaren alltäglichen Wunder manchmal viel wichtiger und bedeutender für uns als die großen Wünsche. Gerade die kleinen Wunder beeinflussen unser tägliches Leben und unser Urvertrauen so nachhaltig.

Es lebt sich wesentlich angenehmer und entspannter, wenn man Tag für Tag der eigenen Wunschkraft vertrauen kann und sie in seinen Alltag integriert, als wenn man sich alle paar Jahre Hilfe suchend und in höchster Not wieder einmal – inmitten der selbst erschaffenen Krise – des Wünschens besinnt und ganz schnell, sozusagen in letzter Sekunde, durch die eigene Gedankenkraft das Ruder herumzureißen versucht.

Mehr noch: Es lebt sich nicht nur angenehmer und harmonischer – das Leben erhält dadurch eine gewisse Leichtigkeit. Ist es nicht das, was wir uns letztendlich alle wünschen: ein Leben in Harmonie und Leichtigkeit zu führen? Daher sind all die kleinen alltäglichen Wunder so wesentlich, weil sie uns helfen, immer größeres Vertrauen in unsere eigene Gedankenkraft zu entwickeln.

Manchmal müssen wir erst lernen, der Leichtigkeit zu vertrauen. Sobald wir aber damit ein wenig Erfahrung gewonnen haben, verändert sich alles. Mit einem Mal wandelt sich unser Leben und wird zu einer einzigen wundervollen Erfahrung, die aufregender und atemberaubender ist, als wir es uns jemals hätten träumen lassen. Spätestens dann geschieht nämlich das eigentliche Wunder.

**Wir sind selbst in der Lage,
in unserem Leben wahre Wunder zu bewirken.**

Jeder von uns kann das. Jeder. Auch du. Der Schlüssel hierzu ist Leichtigkeit. Und die gewinnen wir zunächst mit den kleinen Wünschen.

Wie sich Julia voller Vertrauen und Leichtigkeit für ihren Bruder etwas wünschte

Lieber Herr Franckh,
es funktioniert!
Mir ist klar, dass ich Ihnen nicht wirklich etwas Neues erzähle, aber vielleicht freut es Sie, zu hören, dass Ihre Flughafengeschichte aus Ihrem Buch »Erfolgreich wünschen« heute »Nachahmung« gefunden hat.
Mein Bruder sollte heute Morgen ziemlich früh nach London fliegen, um auf dem dortigen wissenschaftlichen Kongress am Abend einen kurzen Vortrag über seine Doktorarbeit zu halten. Er hat sich unbändig gefreut, an dem Kongress teilzunehmen und als Student seine Arbeit vorstellen zu dürfen. Sein Flug wurde jedoch wegen

schlechten Wetters komplett gestrichen. Die folgenden Maschinen waren bereits ausgebucht. Am frühen Nachmittag saß er trotz verzweifelter Versuche, nach London zu kommen, immer noch am Flughafen fest. Als er mich anrief, dachte ich sofort an Ihre Flughafengeschichte. Da die Zeit extrem knapp war, ließ ich alles stehen und liegen und schickte folgenden Wunsch ans Universum, natürlich schriftlich:
»Liebes Universum,
ich danke so sehr für die beste und schnellste Lösung, dass mein Bruder rechtzeitig und glücklich zu seinem Vortrag in London ist. Danke!
Express-Bestellung! Danke!«
Meine Bitte wurde wie folgt »bearbeitet«:
Eine halbe Stunde später rief mich mein Bruder wieder an. Wie durch ein Wunder habe er plötzlich ohne Weiteres ein Ticket für die nächste Maschine bekommen, er habe sogar schon die Bordkarte. Außerdem sei sein Vortrag jetzt doch erst morgen, er könne also in aller Ruhe eine Nacht im Hotel verbringen.
Vielen Dank, dass es Ihre Bücher gibt, die einen immer wieder daran erinnern, dass es eigentlich ganz einfach ist. Wenn nur nicht immer der Verstand aufmüpfig würde. Dann ist es gut, etwas

in der Hand zu haben, um den Verstand zu überzeugen, dass er nicht über allem steht, sondern Teil des Ganzen ist.
Ich wünsche Ihnen weiterhin viel Inspiration und Erfolg, herzliche Grüße!
Julia

Der große Vorteil von kleinen Wünschen ist, dass sie uns relativ leichtfallen. Bei den großen Wünschen dagegen verlieren wir oft die Leichtigkeit, weil es ja um »etwas« geht. Der Wunsch ist uns dann so wichtig, dass wir mit Nachdruck und einer gewissen Ernsthaftigkeit wünschen.

**Leichtigkeit
ist der Schlüssel zum Erfolg.**

Leichtigkeit bringt unseren Wunsch noch positiver zum Schwingen. Wenn unsere Grundstimmung von Leichtigkeit geprägt ist, finden Zweifel und unbewusste Ängste keinen Boden, auf dem sie gedeihen können.
Wenn du merkst, dass du beim Wünschen viel zu ernst und schwer wirst, dann erinnere dich an die Leichtigkeit und Freude beim Wünschen. Denn

je öfter wir mit unseren leichten Wünschen all die wunderschönen Erfolge erzielen, desto leichter fällt es uns mit der Zeit, auch die größeren Wünsche in unser Leben zu integrieren. Und zwar mit genau der gleichen Leichtigkeit.

Im Übrigen sind es oftmals gerade die kleinen Dinge, welche die großen Glücksgefühle in uns auslösen können. Wir sollten also die kleinen Wünsche nie als weniger wertvoll betrachten, sondern als einen wesentlichen Weg zu unserem täglichen Glück.

Von so einem Glücksgefühl erzählt auch die nächste Geschichte.

Wie Inès Patin eines Eselbabys wurde und sich damit ihr Kindheitstraum erfüllte

Lieber Pierre,

vom 17. bis 19. September gastierte der Zirkus Barelli in Baden-Baden. Leider erfuhr ich davon erst am 20.9. Da ich aber nun gelernt habe, dass selbst Unmögliches wahr werden kann, wünschte ich mir, dass ich die Vorstellung doch noch besuchen könnte. *Natürlich* bekam ich noch am gleichen Nachmittag von meinem Lebensgefährten die Nachricht, dass der Zirkus Barelli seinen Aufenthalt verlängert habe, bis zum 23.9., so stehe es in der Zeitung.

Also fuhren wir zum Zirkus, um Karten für die Freitagsvorstellung zu kaufen, aber leider waren die Kassen geschlossen. Als ich zu den Wohnwagen schlenderte, kam mir ein zerzauster Mann im Morgenmantel entgegen – wie sich später herausstellte: der Zirkusdirektor. Nachdem sich Herr Barelli für sein Aussehen entschuldigt hatte, erklärte er, dass man keine Karten reservieren müsse, da der Zirkus leider sehr wenig besucht sei und deswegen auch keine Vorstellung stattfinde. Ich bat darum, dass alle Anwesenden wenigstens die Tierschau besuchen dürften, damit vor allem die Kinder eine kleine Freude hätten. Und dieser Wunsch ging prompt in Erfüllung – kostenfrei!

Während des Rundganges durch die Tierschau wünschte ich inständig: »Die Vorstellung findet statt!« Ich hatte leider vergessen, »heute« zu sagen, und so fand sie eben nicht am gleichen Tag statt. Am Samstag traf ich dann mit meiner Mama pünktlich vor Ort ein. Bei der 20-Uhr-Vorstellung waren leider wieder nur 42 Leute, aber sie wurde trotzdem durchgeführt.

Der Zirkusdirektor brachte seine Traurigkeit darüber zum Ausdruck, hatte aber dann auch eine freudige Nachricht, denn in der vergangenen Nacht war ein Eselbaby gesund zur Welt gekommen und es sollte am nächsten Tag in der Nachmittagsvorstellung getauft werden. Mein Herz schlug bis zum Hals ... Warum? Esel sind meine Lieblingstiere!

In der Pause durfte man beim Besuch der Tierschau auch das Eselbaby hautnah erleben. Es war Liebe auf den ersten Blick. Ich konnte nach Herzenslust mit dem Eselbaby schmusen. In mir keimte ein Wunsch auf, der während der zweiten Vorstellungshälfte immer stärker wurde: »Ich möchte das Eselbaby am nächsten Tag in der Manege taufen!« Ich ließ den Wunsch los und vertraute auf die Erfüllung, auch wenn es vollkommen verrückt schien.

Als die Vorstellung zu Ende war, nahm ich meinen ganzen Mut zusammen und fragte den Zirkusdirektor, der am Ausgang stand: »Ich frage Sie jetzt einfach etwas, denn wer nicht wagt, der nicht gewinnt. Darf ich morgen das Eselbaby taufen?« Nun war es raus.

Die Sekunden vergingen wie in Zeitlupe, dann antwortete er: »Lassen Sie mich eine Nacht darüber schlafen, ich sage Ihnen morgen Bescheid.«

»Aber wann wird denn die Taufe sein: um 15 oder um 18 Uhr?«, fragte ich ein bisschen panisch.

Und plötzlich schaute er mich an, als habe ihm gerade jemand etwas ins Ohr geflüstert, und sagte: »Wissen Sie was, Sie dürfen die Taufe des Eselbabys machen und es wird Ihren Namen bekommen.«

Können Sie sich vorstellen, was ich in dem Moment fühlte? Ich fiel Herrn Barelli um den Hals und wankte unter Freudentränen dankbar zum Auto.

Der Tag der Taufe war ein kleiner Freudentaumel. Mein Wunsch nach mehr Publikum erfüllte sich, es waren mehr als 120 Personen gekommen. Gegen Ende der Vorstellung war es endlich so weit, die Eselin wurde mit ihrem Baby hereingeführt und der Zirkusdirektor bat mich in die Manege ...

Mit wild pochendem Herzen trat ich ins Scheinwerferlicht, und plötzlich war die Welt rings um mich vergessen. Ein Kindheitstraum ging gleichzeitig mit in Erfüllung, denn ich hatte mir immer gewünscht, in der Manege im Rampenlicht zu stehen. Mit 37 Jahren erfüllte sich nun dieser Kinderwunsch zusammen mit meinem kürzlich versandten Wunsch nach der Eseltaufe. Ich durfte nun das Eselbaby mit Sekt auf meinen Namen

»Inès« taufen. Jetzt bin ich, solange die Eselin lebt, die Patin und darf sie im Zirkus Barelli besuchen, sooft ich mag – »denn ein Zirkus verkauft seine Tiere nie«, sagte mir Herr Barelli.

Danke, lieber Pierre, dass Du so vielen Menschen hilfst, ans Wünschen zu glauben. Das Leben ist so wundervoll! Danke, liebes Universum!

Herzliche Grüße

Inès

Wenn wir es schaffen, uns jeden Tag viele kleine Wunder zu erlauben, wird unser Alltag zu einer einzigen atemberaubenden Ansammlung von Wundern. Mehr noch, gerade durch die vielen kleinen Wunder werden all die großen Wunder erst möglich, weil wir durch sie genügend Vertrauen in unsere Wunschkraft gewinnen.

Mit Wundern und Wünschen
ist es wie mit der Liebe:
Sie vermehren sich,
je mehr man davon aussendet.

So werden Wunder wahr

Eine kleine Gebrauchsanweisung für richtiges Wünschen

Für all jene, die zum ersten Mal in Kontakt mit *Erfolgreich wünschen* kommen, und für alle anderen zur Erinnerung fasse ich hier die wichtigsten Punkte zusammen, die es beim Wünschen zu beachten gilt. Im Folgenden werden wir immer wieder darauf zurückkommen.

1. *Beginne am besten immer erst mit kleinen Dingen,* um durch erste Erfolge den Verstand von der Möglichkeit des Wünschens zu überzeugen. Nichts ist so erfolgreich wie der Erfolg selbst.

2. *Wünsche immer in der Gegenwartsform,* nie in der Zukunftsform. »Ich bin reich«, und nicht: »Ich will reich sein.« Sonst schaffen wir den Zustand von »etwas wollen« und nicht von »etwas sein«.

3. *Streiche die Wörter »nicht« und »kein« aus deinen Wünschen.* Alles was wir vermeiden wollen, ziehen wir in unser Leben, weil wir die gedankliche Energie eher dorthin führen. Hier gilt der Grundsatz: Gleiches zieht Gleiches an. Was wir denken, sagen oder fühlen, ziehen wir unweigerlich in unser Leben. Ängste ziehen genau die Ereignisse an, die wir verhindern wollen. »Ich will nicht krank sein« bedeutet als Wunschenergie: »Ich will krank sein.«

4. *Formuliere klar, knapp und präzise.* Je genauer du bei der Wunschformulierung bist, desto genauer wird die Bestellung ausgeführt. Je präziser und kürzer man sein muss, desto mehr ist man gezwungen, zum eigentlichen Kern seines Wunsches vorzudringen.

5. *Schreibe den Wunsch auf.* Wenn wir ihn niederschreiben, manifestieren wir unseren Wunsch. So lässt er sich nachverfolgen, wenn er eintrifft: Was habe ich wirklich gewünscht und wie muss ich meine Formulierungen verbessern, damit ich genau das erhalte, was ich mir aus tiefster Seele wünsche?

6. *Tue so, als ob.* Das, was wir wünschen, haben wir bereits. Wir beschäftigen uns immer wieder mit dem Kommenden auf positive Weise und stimmen uns erwartungsvoll darauf ein.

7. *Danke!* Mit dem Danken vermehren wir das Gute. Wir beginnen, die Dinge in unserem Leben zu betrachten, die gut laufen. Wir schenken ihnen Achtung und Anerkennung. Worauf man sein Augenmerk richtet, dem führt man Energie zu.

8. *Vertraue, statt zu zweifeln.* Mit dem Zweifel ruft man seine Wünsche, kaum dass sie ausgesandt wurden, wieder zurück. Oft wird parallel zum Wunsch gesagt oder gedacht: »Das funktioniert ja sowieso nicht.« Dieser Gedanke ist nichts anderes als ein ausgesprochener Wunsch. Wer nicht an den Erfolg glaubt, kann keinen Erfolg haben.

9. *Übe Verschwiegenheit.* Darüber reden schwächt den eigenen Wunsch. Zum einen verpufft die Energie durch das ständige »Zerreden«. Zum anderen rufen wir ganz

schnell Widersacher, Neider und Zweifler auf den Plan.

*10. **Sei offen für Zufälle.*** Fast immer wird der Wunsch auf eine Weise erfüllt, wie man es nie für möglich gehalten hätte. Also sollte man nur bereit sein, dass der Wunsch erfüllt wird. Der Kosmos sucht sich immer den schnellsten und leichtesten Weg aus, und den können wir nicht kennen.

*11. **Folge deiner Intuition.*** Da alles eine Frage von Energie ist, werden wir manchmal »nur« sehr sanft geführt, und zwar dorthin, wo das Gewünschte zu finden ist. Hat man einen Wunsch ausgesandt, gilt es, hellhörig und wach zu bleiben. Dann wird man alle nötigen Informationen bekommen.

*12. **Finde deine wahren, großen Wünsche heraus.*** Bevor wir uns etwas wünschen, sollten wir uns darüber klar sein, was wir *tatsächlich* für unser Leben benötigen. Fühlen wir uns nach der Erfüllung unserer Wünsche wirklich besser, angenommener, liebenswerter oder glücklicher? Jeder erfolgreiche Wunsch verändert auch unsere Lebensumstände. Deswegen sollten wir genau prüfen, ob wir zu dieser Veränderung bereit sind. Finde heraus, was deine *wirklichen* Sehnsüchte und Wünsche sind, damit sie dich glücklich machen.

Wie sich Heidi einen »roten Flitzer« wünschte

Lieber Pierre,
schon vor den Sommerferien fingen wir an, für mich einen kleinen Stadtflitzer zu suchen, da mein Mann sehr viel arbeitet, ich also oft ohne Auto mit den drei Kindern dastehe. Wir rannten von einem Händler zum anderen mit zum Teil haarsträubenden Erlebnissen. Da fiel uns Dein Buch in die Hände, welches wir mit der ganzen Familie »verschlangen«. Es musste sofort ein Wunschzettel her! Ich schrieb ganz genau auf, welches Auto ich haben wollte, und beriet mit meinem Mann, was uns wichtig war. Es sollte selbstverständlich in unser Budget passen: »Knallroter Suzuki Alto, 3 Jahre, unfallfrei, Sommer- und Winterreifen, Radio/Kassettendeck« etc. Ich konnte an nichts anderes mehr denken, nachdem ich meinen

Wunsch so manifestiert hatte. Meine Jungs ermahnten mich aber, dass ich ihn vergessen sollte – das hatte »er« doch geschrieben! Ich konnte aber nicht. Ich bin damit ins Bett und damit aufgestanden.

Die Sommerferien waren zu Ende, und während der ganzen Fahrt zurück von der Ostsee bis nach Hause war ich in der freudigen Überzeugung: »Jetzt ist es da!« Zu Hause klickte ich mich sofort ins Internet ein – und da stand der kleine rote Flitzer! Unser Sohn Florian aber meinte nur lapidar: »Das ist er nicht, da stehen ja nicht alle deine Wünsche dabei.« Vor Entsetzen unterbrach ich sofort die Verbindung. Und grämte mich. Aber mein Mann ist ja der Stabile: »Ruf doch mal an und frage nach deinen Wünschen!«

Und tatsächlich, der Wagen entsprach in allen Details meiner Wunschliste.

Noch am selben Nachmittag kam ein alter Herr mit dem Flitzer angefahren und überreichte uns den Autoschlüssel.

Das Erstaunliche ist nun, dass der bisherige Besitzer schon seit einiger Zeit versucht hatte, das Auto zu verkaufen. Aber es wollte nicht klappen. Dann stellte einer seiner Bekannten das Auto ins Internet (als wir an der Ostsee waren). Obwohl der Wagen doch verhältnismäßig günstig war und Kleinwagen bei uns in der Gegend weggehen wie warme Semmeln, riefen nur zwei Händler an.

Der alte Herr zu mir: »Denen hab ich ihn nicht gegeben; ich wollte, dass er in gute Hände kommt.«

So sucht das Universum die passende Resonanz!

Liebe Grüße

Heidi, Thomas, Oliver, Florian und Carolin

Wünsch dir was – zum Beispiel Geld

Die Sehnsucht nach Reichtum ist durchaus verständlich. Mit Reichtum verbinden wir Schönheit, Sicherheit, Glück und Unbeschwertheit. Wer reich ist, hat scheinbar mehr vom Leben. Er wird bewundert, genießt Achtung und Ansehen, besitzt alles im Überfluss, und sein Leben gelingt scheinbar mit Leichtigkeit, fern von jeglichen Existenzängsten. Reich zu sein, scheint unser Leben nicht nur zu erleichtern – für viele Menschen beginnt erst damit ein lebenswertes Leben.

Warum schaffen es dennoch so viele Menschen nicht, ein reicheres Leben zu führen? Geld ist nur ein Tauschmittel. Also eigentlich etwas, das wir uns ohne Weiteres wünschen könnten. Und trotzdem tun sich viele von uns damit so schwer. Warum ist das so?

Armut ist nur ein Irrtum unserer Gedanken
Grundsätzliche Ursache für das Gelingen oder Scheitern ist oft nur ein einziger Gedanke. Entweder glauben wir: »Geld steht mir zu«, oder: »Geld steht mir nicht zu.«

»Natürlich steht es mir zu!«, werden jetzt viele aufschreien. Und sie haben damit absolut recht. Jeder von uns hat ein Recht auf Gesundheit, Wohlstand, Glück und Reichtum. Reich zu sein, ist ein natürlicher Zustand, den wir ohne schlechtes Gewissen oder moralische Bedenken erreichen können. Es ist nur natürlich, ein sorgenfreies Leben führen zu wollen. Schließlich ist niemandem mit unserer Armut gedient. Niemandem geht es deswegen besser oder schlechter. Warum sollten wir uns also ständig einschränken müssen und am Existenzminimum herumknabbern?

Der Wunsch nach Reichtum ist also vollkommen in Ordnung. Wir sollen und wollen uns schließlich geistig und seelisch entfalten. Dies geht aber nicht, wenn wir ständig daran denken müssen, wie wir die Miete, das Essen oder andere Dinge bezahlen können.

Also, warum sich nicht einfach Geld wünschen – wie zum Beispiel die Verfasserin der nächsten Geschichte.

Wie sich Susanne für sich selbst und für ihre Katzen etwas wünschte

Lieber Pierre Franckh,
heute Morgen habe ich Ihr Buch »Wünsch es dir einfach« zu Ende gelesen. Es macht mich wieder rundum glücklich. Um Ihnen ein bisschen davon zurückzugeben und auch, weil Sie sich über jede Wunschgeschichte freuen, schreibe ich Ihnen, wie sich mein erster »größerer materieller« Wunsch in dieser Woche erfüllt hat.
Ich hatte mir 5000 Euro gewünscht, um einige Ausgaben abzudecken. Meine beiden Katzen sollten auch etwas davon haben: Ich wollte einen tollen großen Kratzbaum kaufen, sobald ich das Geld habe. Da ich handwerklich ganz geschickt bin und Spaß daran habe, beschloss ich, den Kratzbaum selbst zu bauen, und habe damit sofort losgelegt.
Vorgestern erfuhr ich nun, dass ich von meinem Arbeitgeber eine Prämie in Höhe von 5200 Euro erhalte, die noch in diesem Monat ausgezahlt wird. Meine 5000 Euro und sogar noch 200 Euro, die mich das Material für den Kratzbaum kosten!

Ich bin überglücklich und einfach nur dankbar!
Herzliche Grüße aus Stuttgart
Susanne

Sich Geld zu wünschen, scheint ziemlich einfach zu sein. Man kann sich sogar den genauen Betrag wünschen. Warum klappt es dennoch nicht bei allen? Die Antwort ist oft ganz einfach.

**Jedem von uns steht Geld zu.
Aber gestehen wir es uns auch selber zu?**

Sag ein paarmal: »Ich habe ein Anrecht darauf, reich zu sein«, und spüre nach, ob sich bei dir vielleicht still und leise ein paar Widerstände melden.

Die meisten glauben nämlich nicht, dass ihnen Geld tatsächlich zustehen könnte. Viele von uns sind nicht mit Geld aufgewachsen und erinnern sich noch an die Zeit, in der Mangel herrschte. Dadurch haben sich oft tief sitzende Glaubenssätze der Armut eingegraben, die meist erfolgreich verhindern, dass der Überfluss an Geld tatsächlich in unser Leben tritt. Viele haben – ohne es zu wissen – zum Geld eine sehr gespaltene Beziehung: Sie brauchen es zwar, finden Geld aber nicht wirklich positiv. Für viele ist Geld schmutzig oder sogar Teufelszeug: Sie glauben, vom Streben nach Geld komme alles Übel auf dieser Welt.

Manche meinen sogar, nach Geld zu streben sei unmoralisch, mit ihrer Religion nicht zu vereinbaren oder gar egoistisch. Solange wir aber von solchen Gedanken überzeugt sind, wird Geld nicht in unser Leben treten. Wir wehren einen Geldfluss sogar regelrecht ab.

> **Geld ist nichts anderes als ein Tauschmittel.**
> **Geld ist völlig neutral.**
> **Geld verhält sich zu uns immer nur so,**
> **wie wir uns zum Geld verhalten.**

Die Sache ist im Prinzip einfach: Wenn wir Geld positiv bewerten, werden wir es im Überfluss besitzen; wenn wir es verteufeln, wird Geld uns meiden – obwohl wir meinen, es so dringend zu brauchen.

Wenn das Wünschen von Geld bei dir nicht funktioniert, dann lies die folgenden Sätze und überprüfe, welche davon auf dich zutreffen könnten:

- Geld kommt immer nur zu den Reichen.
- Wer viel Geld besitzt, ist bestimmt über Leichen gegangen.
- Ein Reicher ist nur ein Ausbeuter.
- Geld macht nicht glücklich.
- Viel Geld zu haben, ist unmoralisch.
- Solange es anderen schlecht geht, darf es mir nicht gut gehen.
- Nur durch harte Arbeit kann man Geld verdienen.
- Geld verdirbt den Charakter.
- Geld macht süchtig.
- Seitdem er reich geworden ist, hat er sich negativ verändert.
- Arme Menschen sind glücklicher als reiche.
- Armut ist moralisch einwandfrei.
- Geld macht gierig.
- Geld ist eine Erfindung des Teufels, um die Menschen zu manipulieren.
- Die Reichen schieben sich immer alles untereinander zu, die Armen haben gar keine Chance.

Wenn wir auch nur einen oder zwei solcher Sätze glauben, wird Geld in unserem Leben mit Sicherheit nicht sehr willkommen sein. Menschen, die solche Sätze sagen oder denken, werden bei genauerer Betrachtung meist selbst nicht im Besitz von Geld sein und im Wohlstand leben. Warum ist das so? Hinter solchen Gedanken stecken unterschwellig immer auch Neid und Missgunst. Man gönnt es anderen nicht. Wenn man aber anderen etwas neidet und missgönnt, verbindet man negative Gedanken mit Wohlstand, also mit dem Zustand, den wir eigentlich gerne erreichen wollen. Neid und Missgunst machen den erhofften Reichtum unmöglich.

- ☆ Sprich deswegen nur gut über diejenigen, die Geld haben. Schließlich willst du selbst einer von ihnen werden.

- ☆ Befreunde dich mit dem Gedanken, selbst Geld zu haben. Das gelingt dir am besten, wenn du dich über den Reichtum anderer freust, weil du auf diese Weise ganz schnell in die Freude des Wohlstandes hineinkommst.

- ☆ Betrachte den Reichtum anderer als erstrebenswertes eigenes Ziel und äußere deswegen kein negatives Wort darüber. Sonst entfernst du dich immer mehr von deinem Wunsch. Genau genommen verurteilst du deinen Wunsch. Du wünschst dir Reichtum, aber gleichzeitig verurteilst du ihn, weil Reichtum deiner Meinung nach immer einen Makel hat.

Was man nicht schätzt, verliert man.

Meist kommen in unserem alltäglichen Leben weitere alte Überzeugungen und Befehlssätze hinzu, die wir nur zu gerne fast täglich aussprechen:

- Ich bin pleite.
- Ich komme nie zu Geld.
- Mein Bankkonto ist meistens in den Miesen.
- Ich bin bankrott.
- Ich kann die Miete nicht mehr bezahlen.
- Ich bin ein Versager.
- Ich kann mir das nicht leisten.
- Die Welt wird immer schlimmer.
- Ich will nicht arm sein.

- Ich schaffe es nie.
- Ich habe kein Geld.
- Ich bin arm.
- Ich habe immer Pech.
- Wenn das so weitergeht, lande ich auf der Straße.
- Ich gewinne nie etwas.
- Ich kann mit Geld nicht umgehen.

Dies alles sind »Befehlssätze« für das Universum, um Geld aus unserem Leben auszuklammern und Armut und Mangel in unserem Leben zu manifestieren. Meist ist es uns gar nicht bewusst, dass wir ständig solche Sätze denken und aussprechen.

Nicht selten beginnen Menschen bei meinen Vorträgen mit ihren Fragen nach Geld so: »Ich habe kein Geld. Ich hatte noch nie welches. Wenn ich Geld habe, verschwindet es sofort wieder. So geht es mir immer. Ich bin meistens pleite. Was kann ich dagegen tun?«

Sehr oft wollen sie also wissen, wie sie etwas in ihrem Leben ändern können, und manifestieren erst mal kräftig ihren unangenehmen Zustand, indem sie ihn wieder und wieder aussprechen.

Wie kraftvoll negativ ausgesprochene Sätze sein können, beweist das folgende Beispiel auf äußerst anschauliche Weise. Wie wir wissen, schaden negative Äußerungen hauptsächlich uns selbst.

Wie der Berg zur (schimpfenden) »Prophetin« Rosi kam

Lieber Pierre Franckh,
ich lese gerade ganz begeistert Ihr neues Buch und habe mir schon viele Sachen gewünscht. Darf ich Ihnen einen – negativen – Wunsch schildern, den ich mir vor vier Jahren gewünscht habe und der mein Leben verändert hat?
Mein Mann und ich lebten zehn Jahre in Südfrankreich und betrieben dort ein kleines Hotel. Nach acht Jahren verkauften wir das Hotel und zogen in die Berge der Provence. Dort fanden wir ein absolutes Traum-Anwesen. Es gehörte uns, mit Grundbucheintrag und allem Drum und Dran.
Ein in der Nähe lebender Schotte war der Meinung, der Vorbesitzer habe ihn betrogen, weil er ihm das Haus, Monate bevor wir es in einer Immobilien-Zeitschrift entdeckten, versprochen

hatte. Der Schotte zog alle Register. Er reichte Klage ein und ließ sich – was in Frankreich möglich ist – in unser Grundbuch eintragen! Dort stand nun, es sei eine Verhandlung im Gange, die die Besitzfrage des Anwesens klären würde.

Da wir durch diesen Grundbucheintrag einen bei der Bank beantragten und »eigentlich« schon bewilligten Kredit nicht bekamen, stand uns finanziell das Wasser bis zum Hals. Die Verhandlung sollte ein halbes Jahr später in Grenoble sein.

Während dieser sechs Monate saß ich nicht nur einmal auf unserer Terrasse, zeigte hasserfüllt auf den Berg hinter dem Haus und sagte voller Inbrunst: »Wenn der Schotte den Prozess gewinnt, soll dieser Berg herunterkommen!«

Die Verhandlung war am 23. Oktober – und wir gewannen den Prozess! Sechs Wochen später, am 3. Dezember, nach drei Tagen und Nächten sintflutartiger Regenfälle, kam morgens früh der besagte Berg herunter! Unterhalb des Berges gab es einen Erdrutsch, und unser Haus wurde unwiederbringlich zerstört. Mein Wunsch war also in Erfüllung gegangen. Wobei der Zusatz in meinem Wunsch: »... wenn der Schotte den Prozess gewinnt«, nicht in Erfüllung ging.

Dieses Erlebnis hat mich geprägt. Seitdem bin

ich sehr vorsichtig mit negativen Gedanken und Wünschen. Der Erdrutsch hat mich zu einem positiv denkenden Menschen gemacht.
Herzliche Grüße
Rosi

Dies ist ein eindrucksvolles Beispiel dafür, wie sehr die negativ ausgesandte Energie uns selbst schaden kann, obwohl die Formulierung an einen anderen Adressaten gerichtet war.
Wenn unsere Gedanken eine so zerstörerische Kraft haben können, dann kann man sich vorstellen, wie intensiv unsere negativen Glaubenssätze auf unsere Geldwünsche wirken. Also überlege, welche negativen Gedanken du über Geld hast. Sie werden zu deiner Wahrheit.
Glücklicherweise kann man negativ ausgesendete Energie auch wieder neutralisieren. Am wirkungsvollsten macht man das, indem man sich positiv einstimmt und dadurch den negativen Gedanken die Energie entzieht. Wollen wir also alle unsere negativen Überzeugungen über uns und unsere negativen Meinungen über Geld loswerden, konzentrieren wir uns auf das, was wir erreichen wollen.

Die zehn wichtigsten Regeln, um Reichtum in dein Leben zu ziehen

1. Halte dich nicht mit der Situation auf, die du im Grunde gerne verändern möchtest. Jeder weitere Gedanke daran baut in Wirklichkeit diesen Zustand weiter auf.
Gib keine langen Erklärungen ab, wie es dir gerade geht – weder vor anderen noch vor dir selbst. Erkläre dir und deinem Unterbewusstsein lieber, wie wundervoll es jetzt gerade ist.

2. Glaube felsenfest daran, dass dir Geld zusteht – egal, wie schlecht es der Wirtschaft geht und wie viele furchtbare Nachrichten du in den Zeitungen liest. Gleichgültig, wie stark die Börsen zusammenkrachen – lass diese Energie nicht zur deiner werden.
Wenn sich andere mit der Angstenergie verbinden, wird dieses Erleben zu ihrer Erfahrung werden. Mache sie dir nicht zu eigen. Du weißt, dass du dir alles leisten kannst, was du dir wünschst, und so leben kannst, wie du glaubst, dass es dir zusteht.

3. Halte stets an deiner Vision fest. Reichtum ist dein natürlicher Zustand, Geld ist im Überfluss vorhanden, es ist auch für dich da und permanent zu deiner Verfügung.
Durch beständiges Festhalten an diesen Gedanken bringen wir uns selbst in Resonanz mit der Energie von Reichtum.

4. *Fühle* dich reich. Gleiches zieht Gleiches an: Wenn wir uns reich fühlen, wird uns Geld fortwährend zufließen, in Form von Geschenken, einer wundervollen Arbeitsstelle oder von Dingen, die wir uns wünschen.

5. Denke dich reich. Äußerer Mangel ist stets auf einen inneren Mangel zurückzuführen. Meist denken wir uns nicht reich, sondern fühlen uns vernachlässigt, emotional verarmt und ungeliebt. Sehr oft resultiert daraus der Gedanke, es stünde uns nichts zu. Unser Leitsatz sollte in diesem Fall lauten: »Das Leben ist wundervoll und beschenkt mich mit allem, was ich benötige.«

6. Geld besitzt keine Emotion. Es ist nur ein Tauschmittel. Jegliche Bewertung darüber

entspringt den Vorstellungen anderer Menschen.

7. Wollen wir Geld in unser Leben ziehen, ist es wichtig für den Erfolg (oder Misserfolg), dass wir uns darüber klar werden, was wir über Geld denken und ob wir Geld auch wirklich in unserem Leben willkommen heißen.

8. Lass das Geld fließen. Versuche nicht, das Geld, das hereinkommt, zu horten und für Notzeiten aufzusparen. Damit sendet man nur die Energie aus, dass man auf Notzeiten wartet. Das Universum versteht diesen Befehl deutlich und sendet dir – dem Resonanzgesetz entsprechend – genau diese *gewünschten* Erlebnisse, damit das Geld seinem zugedachten Zweck zugeführt werden kann. Hast du immer wieder finanzielle Schocks, also Notzeiten, zu erdulden, kann dies von deiner Erwartung herrühren, die du an das Leben stellst.

Das ist wie mit den berühmten Diäten: Je mehr wir abnehmen, desto mehr nehmen wir anschließend wieder zu, weil sich der Körper auf weitere Notzeiten einstellt. Ganz ähnlich geht es uns mit finanziellen Dingen: Haben wir gerade eine Notzeit überlebt, werden wir beim nächsten Mal etwas mehr Geld ansparen, damit wir gerüstet sind. Die nächste Notzeit kommt garantiert, denn schließlich *wünschen* wir sie uns herbei ...

9. Natürlich können wir Geld für gewisse Dinge zurücklegen: für unseren Lebensabend zum Beispiel, für ein Fahrrad, einen neuen Computer, für unseren Urlaub oder ein Haus oder ein Auto. Mit diesen Dingen verbinden wir uns in Freude. Wir fühlen uns reich und freuen uns, dieses Geld zum rechten Zeitpunkt wieder in den Kreislauf zurückzubringen. Wesentlich ist hierbei zu wissen, dass Geld stets fließen soll, damit es lebendig, also energiereich bleibt.

10. Wenn wir Geld besitzen, sollten wir auch an andere denken, denen es nicht so gut geht, und sie an unserem Reichtum teilhaben lassen. Das bringt vor allem nicht nur uns Freude, sondern lässt auch ein Gefühl von Wohlstand entstehen. Wir sind erst dann gedanklich reich genug, wenn wir mit Leich-

tigkeit anderen davon abgeben können. Horten wir dagegen das Geld geizig, misstrauen wir dem natürlichen Fluss des Geldes und schneiden uns unbewusst vom Leben ab. Wir glauben dann nämlich nicht *wirklich*, dass Geld nachfließen wird.

Hier nun eine wundervolle Wunschgeschichte, die wieder einmal zeigt: Die Lage kann mies und deprimierend sein, sodass es keine Lösung zu geben scheint – und dennoch ist nichts unmöglich!

Wie der Wunsch von Claudia über einen ungewöhnlichen Umweg erfüllt wurde

Lieber Pierre,
ich habe im September Dein Seminar in Köln besucht und es hat mich sehr berührt. Die Energie hat lange nachgewirkt. Damals habe ich erzählt, dass ich mich von meinem Partner trennen möchte – »muss« – aus sehr vielen schwerwiegenden Gründen. Ich habe mir während des Seminars gewünscht, dass das in Liebe und gegenseitigem Respekt geschieht. Das war der eine Wunsch; der zweite war: »Ich werde unser Haus mit meinen

Kindern behalten und alleine finanzieren können« – was von der Logik und dem »gesunden Menschenverstand« her nicht zu schaffen war. Nun, ich hatte den Wunsch abgeschickt und glaubte fest daran. Selbstverständlich habe ich begonnen, Lotto zu spielen – nichts ist passiert.

Eines Tages rief mich meine Mutter völlig entsetzt an: Mein Vater, ein Banker durch und durch, mit über 40 Jahren Berufserfahrung, hatte doch tatsächlich, als eine Dame von der NKL eines Abends bei ihnen anrief, um Lose an den Mann zu bringen, während dieses kurzen Telefonats seine Bankverbindungen preisgegeben – für meinen sehr kopflastigen Vater normalerweise ein Ding der Unmöglichkeit. Meine Eltern hatten danach den »schönsten« Streit. Vater konnte sich nicht erklären, wieso er das getan hatte (er hatte noch niemals in seinem Leben Lotto oder ähnliche Glücksspiele gespielt; er ist über 80 Jahre alt), wollte diese Losbestellung aber auch um keinen Preis stornieren. Er erstand drei Achtellose.

10 Tage später stand der Briefträger vor der Tür ... Eines dieser Achtellose wurde für die Tagesmillion gezogen, das heißt, ein Achtellos ergab einen Gewinn von 125.000 Euro. Das entspricht exakt der Hälfte unseres Hauses. Mein Anteil ist

also mehr als bezahlt – und dafür bin ich unendlich dankbar.

Durch dieses »Wunder« – ich bin überzeugt davon, dass es eines war, weil die Umstände, wie es zu diesem Gewinn kam, mehr als ungewöhnlich waren – kann ich sehr zuversichtlich nach vorne blicken. Ich möchte mich bei Dir bedanken, weil Du mir Mut gemacht hast und weil ich bei Dir gelernt habe, dass alles möglich ist.

Alles Liebe
Claudia

Geldaffirmationen

Nimm einen oder mehrere dieser Affirmationen und wiederhole sie, sooft du möchtest – vor allem abends beim Einschlafen und morgens beim Aufstehen. Betrachte sie als Feststellungen, als Befehlssätze für deinen Wunsch. Glaube an die Kraft und Wirkung. Vertraue dich diesen Sätzen vollkommen an.

- ☆ Ich habe ein Anrecht auf Geld.

- ☆ Ich achte das Geld als legitimes Tauschmittel.

- ✩ Geld ist in meinem Leben willkommen.

- ✩ Geld ist in meinem Leben ebenso selbstverständlich wie Liebe und Glück.

- ✩ Das Leben ist wundervoll.

- ✩ Ich habe alles, was ich benötige.

- ✩ Ich kann mir jeden Wunsch erfüllen.

- ✩ Ich verdiene es, wohlhabend zu sein.

- ✩ Alles, was ich brauche, erhalte ich zur rechten Zeit.

- ✩ Meine Einnahmen übersteigen meine Ausgaben.

- ✩ Alles, was ich mir wünsche, darf ich haben.

- ✩ Ich bin es wert, erfolgreich zu sein.

☆ Reichtum ist mein natürlicher Zustand. Ich gebe das Geld klug und freudig aus, mit dem Wissen, dass es umso schneller zu mir zurückkehrt.

Wie Martin bei seiner Steuernachzahlung geholfen wurde

Hallo Pierre,
hier eine Wunschgeschichte, die mich selbst beeindruckt hat:
Im August habe ich eine Mahnung vom Finanzamt über eine Steuerzahlung von 2500 Euro erhalten. Die Rechnung dazu war zwar nicht da, aber das Finanzamt darf sich ja alles erlauben. Jetzt sollte ich innerhalb einer Woche den Rechnungsbetrag überweisen. Wer zahlt schon gerne Steuern? Ich nicht. Deswegen habe ich an *Erfolgreich wünschen* gedacht und den Wunsch losgeschickt, dass ich den Rechnungsbetrag von irgendwoher erhalte.
Am nächsten Morgen traf ich im Büro ein und habe ein Fax von meinem Rechtsanwalt erhalten: Ein Schuldner, von dem ich seit 1999 Geld zu bekommen habe, hat einen Vergleich angeboten.

Ich rief den Rechtsanwalt sofort an. Er sagte mir, dass der Schuldner 3000 Euro bezahlen wolle und seine Kosten von 500 Euro noch abgingen. Das waren also die 2500 Euro, die ich mir gewünscht hatte. Und das nur wenige Stunden, nachdem ich den Wunsch losgeschickt hatte. Ein Wunder? Nein. *Erfolgreich wünschen*!

Viele liebe Grüße

Martin

Aus meinem Schatzkästchen

Als kleine Zugabe führe ich auch in diesem Buch all die ausführlicheren Wunschformulierungen auf, die ich ursprünglich für mich entwickelt und erfolgreich angewendet habe. So findest du am Ende einiger Kapitel den genauen Wortlaut meiner eigenen Wunschmeditationen, mit denen ich mir zum Beispiel einen idealen Job in mein Leben gewünscht habe, Geld, Erfolg oder den Beginn eines hervorragenden Jahres.

Die folgende Meditation habe ich vor vielen Jahren für mich niedergeschrieben und sooft es ging gelesen – laut und aus tiefstem Herzen. Seitdem hatte ich immer ausreichend Geld zur

Verfügung. Noch heute fühle ich die Wahrheit in diesen Sätzen.

Wenn sie dir zu lang ist, suche dir Teile davon aus. Was immer dich gerade anspricht, ist in diesem Moment richtig. Wichtig ist nur, dass du fühlst, wie jedes einzelne Wort Wirklichkeit wird, wie es in diesem Moment reale Gestalt annimmt:

Ich bin offen und bereit,
Geld in meinem Leben zuzulassen.
Ich schaffe jetzt Platz und Raum
in meinem Leben,
damit sich die wundervolle Energie
von Reichsein bei mir willkommen fühlt.

Ich habe vor allem die tiefe Gewissheit,
dass es mir zusteht, Geld zu haben.
Von jetzt an betrachte ich
Geld mit anderen Augen.
Geld ist etwas Wundervolles in meinem Leben.
Geld ist das äußere Zeichen
meines inneren Reichtums.
Geld ist Ausdruck meiner Lebensfreude und
zeigt das Fließen meiner Lebensenergie,
die ich jetzt in diese Richtung lenke.
Geld ist ebenso natürlich in meinem Leben wie

Essen, Trinken und Schlafen.
Durch die Kraft meiner Gedanken
ziehe ich das wohltuende Gefühl
von Reichtum jetzt an.
Ich habe die tiefe Gewissheit,
dass die ausgesandten Energien
meines Wunsches sich jetzt
in diesem Moment manifestieren.
Alles ist im Überfluss vorhanden.
Für jeden. Auch für mich.
Ich brauche es nur in mein Leben einzuladen.

Ich bin offen und frei, mit Geld umzugehen.
Ich löse mich von allem,
was diese innere Freiheit einschränken könnte.
Ich löse mich von meiner Vorstellung
des Mangels und sehe mich bereits jetzt
als beglückend reich an.

Geld ist in meinem Leben
uneingeschränkt willkommen.
Ich danke dafür, dass sich jetzt in meinem
Leben Reichtum verwirklicht.

Amüsante Geldgeschichten
Hier ist etwas zum Schmunzeln. Die folgenden Beispiele zeigen, wie genau unsere Wünsche erfüllt werden. Auch wenn die Formulierung noch zu wünschen übrig lässt ...

Wie sich Bärbel Geld wünschte und es auch bekam

Lieber Herr Franckh,
zum Thema »Richtig wünschen« ist mir was Lustiges passiert. Ich hatte Ihr Buch gerade gelesen, war total begeistert und musste es sofort ausprobieren. Da wir eingeladen waren und ich nicht ohne Geld aus dem Haus gehen wollte, es aber Monatsende und das Geld ziemlich knapp bei mir war, lautete mein Wunsch: »Ich bekomme, bevor ich zu diesem Treffen gehe, Geld.«
Ich fühlte mich supertoll, weil ich wusste, dass sich mein Wunsch erfüllen würde. Und tatsächlich, fünf Minuten vor Verlassen meines Hauses klingelte es an meiner Tür, und meine Mutter stand davor. Sie drückte mir einen Euro in die Hand und sagte: »Der ist noch von dir, vom Einkaufswagen.«

Ich hatte vor lauter Freude über das Ausprobieren vergessen, die Höhe des Betrages anzugeben.
Liebe Grüße
Bärbel

Wie sich Ingrid einen Lottogewinn mit der richtigen Superzahl wünschte

Lieber Herr Franckh,
ich bin hoch verschuldet. Was liegt da näher, als folgenden Wunsch abzugeben: »Liebes Universum, ich bestelle einen Lottogewinn mit der richtigen Superzahl. Vielen Dank.«
Und siehe da, am gleichen Tag lieferte das Universum. Und zwar einen Dreier und die richtige Superzahl. Woher sollte es auch wissen, dass ich mir natürlich einen Sechser mit Superzahl wünschte? Es hat geliefert. Prompt und exakt: einen Lottogewinn und die richtige Superzahl.
Alles Liebe
Ingrid

Eine andere Frau schrieb mir, sie habe sich sechs Richtige im Lotto gewünscht. Auf ihren

Wunschzettel hat sie noch geschrieben: »Aber mit Superzahl!« Und dahinter hat sie drei Ausrufungszeichen gemacht, um die Wichtigkeit ihres Wunsches zu unterstreichen.

Die sechs Richtigen bekam sie auch – aber leider aufgeteilt auf zwei Lottoscheine. Sie hatte jeweils drei Richtige. Aber ganz ihrem Wunsch entsprechend: mit Superzahl.

Wie sich Melanie einen Scheck über 100 Euro wünschte

Hallo Herr Franckh,
hier meine Geschichte, die zum Überdenken anregt – und dennoch zeigt, wie gut *Erfolgreich wünschen* funktioniert:
Eines Morgens habe ich mir gedacht, warum erreicht mich mit der Post nicht einfach mal ein Scheck in Höhe von 100 Euro? Gesagt, getan: »Liebes Universum, in der heutigen Post liegt ein Scheck in Höhe von 100 Euro für mich bereit.«
Ich ging voller Zuversicht und tiefem Vertrauen zum Briefkasten – und siehe da, der Post lag ein Schreiben mit einem Scheck in Höhe von 100 Euro bei! Leider war dies nur ein Musterscheck.

Aber die Bestellung wurde prompt geliefert, und ich musste herzhaft über mich selbst lachen. Demnächst versuche ich es noch mal mit dem kleinen Zusatz, dass ich mir einen »echten, gedeckten« Scheck wünsche.
Alles Gute
Ihre Melanie

Die Sorge, das Geld wieder zu verlieren

Die größte Sorge aller Menschen, die endlich zu Geld gekommen sind, ist es, dieses Vermögen wieder zu verlieren. Genau dieser Gedanke ist aber bereits der Anfang vom Ende. Denn auf diese Weise denken wir zuerst an den Verlust, der uns ereilen könnte, und nicht an das wunderbare Gefühl des Erhaltens.

Richtig ist es, sich die Bewahrung des Geldes positiv auszumalen, um auf diese Weise den Erhalt seines Besitzes regelrecht entstehen zu lassen.

Es hat nur wenig Sinn, sich wegen der Aktienkurse oder der Entwicklung seiner Wertpapiere Sorgen zu machen. Stattdessen sollten wir uns möglichst oft vorstellen, wie klug und richtig unser Geld angelegt ist.

☆ Alle meine finanziellen Dinge sind in besten Händen und werfen steten Gewinn für mich ab.

Wenn wir diesen Satz ab und zu wiederholen, vor allem dann, wenn wir spüren, dass die Zweifel wieder überhandnehmen, und wenn wir aus tiefstem Herzen an die Wirkung und Kraft der Aussage glauben, ziehen wir genau diese Energie in unser Leben. Dann werden wir die richtigen Berater an unserer Seite finden, zur rechten Zeit die besten Geldanlagen wählen, keine Verluste erleiden, sondern im Gegenteil, unseren Besitz stets vermehren.

Dabei spielt es keine Rolle, wie es der Wirtschaft derzeit geht. Es spielt auch keine Rolle, ob andere uns gerade durch ihre Verlustängste einzuschüchtern versuchen und alles nur katastrophal sehen. Wichtig ist einzig und alleine, wie wir es sehen.

Wie sich Gerits Leben über Nacht veränderte

Sehr geehrter Herr Franckh,
ich habe mir vorgestern Ihr Buch gekauft und es

in wenigen Stunden komplett »verschlungen«. Gestern begann ich dann, nach Ihren Anleitungen und Regeln zu denken und zu wünschen. Und ob Sie es glauben oder nicht, heute, zwei Tage nach dem Kauf Ihres Buches, bin ich einen Großteil meiner Sorgen los. Das Universum liefert, und es liefert schnell. Beängstigend schnell, wenn man es richtig macht.

Ich bin Inhaberin einer Feuerwerksfirma und wusste bis vor ein paar Tagen nicht mehr, wie es weitergehen sollte. Ich träumte nachts von Insolvenz, Konkurs und Gerichtsvollziehern. Und heute, zwei Tage, nachdem ich Ihr Buch gelesen hatte und meine Gedanken danach ausrichtete, bieten mir zwei bedeutende Geschäftspartner eine dauerhafte Zusammenarbeit für die nächsten Monate, wenn nicht sogar Jahre an. Somit ist mir nicht nur für den Moment geholfen, sondern auf Dauer! Ich habe gestern einfach alles so gemacht, wie es in Ihrem Buch beschrieben steht. Und heute ändert sich mein Leben komplett. Das ist einfach unglaublich. Danke!

Viele liebe Grüße

Gerit

Warum wir uns nicht nur Geld wünschen sollten
Wir sollten nicht Geld wünschen...
- wenn wir glauben, dass wir durch Geld glücklicher würden.
- wenn wir hoffen, durch Geld unser Gefühl von Minderwertigkeit ausgleichen zu können.
- wenn wir annehmen, dass wir durch den Besitz von Geld plötzlich geliebt werden.

Dies alles ist leider nicht möglich. Geliebt wird dann meist nur unser Reichtum und das, was sich andere davon erhoffen. Das Gefühl von Minderwertigkeit wird jedenfalls bleiben, und darüber hinaus wird sich die Angst entwickeln, das Geld wieder zu verlieren.

Wirklich glücklich ist durch Geld allein noch niemand geworden. Die meisten Lottomillionäre waren nach einigen Jahren ärmer als zuvor, hatten keinen Arbeitsplatz mehr und auch keine Freunde.

Zsa Zsa Gabor hat einmal über ihren Reichtum gesagt: »Ich weine lieber in einem Rolls-Royce als in einem VW.« Das mag wohl sein, aber traurig war sie dann trotzdem. Ich persönlich *lache* lieber in einem VW, als dass ich in einem Rolls-Royce weine. Aber genau genommen stellt sich diese Alternative für mich gar nicht. Ich wünsche mir eben nicht nur, im Wohlstand zu leben, sondern meine Wünsche stehen in einem ausgewogenen Verhältnis zu meinen übrigen Bedürfnissen.

- ☆ Unser Ziel sollte stets sein, dass wir uns nicht nur Geld, sondern auch Liebe, Freude, Harmonie und Gesundheit wünschen. Diese Wünsche sollten in einem gesunden Gleichgewicht mit allen anderen stehen, ansonsten sind wir vielleicht reich, aber immer noch unglücklich, einsam oder krank.

- ☆ Verehre Geld nicht zu sehr, schon gar nicht als alleinigen Wunsch. Mach dein Glück nicht abhängig von Geld, sonst wirst du abhängig von Materie.

- ☆ Denke immer daran: Geld ist für dich da – nicht du für das Geld.

Wenn wir uns selbst überzeugen, dass Reichtum ein Zustand ist, der nicht nur uns, sondern allen auf dieser Welt zusteht; wenn wir Wohlstand als Ausdruck unserer Lebensfreude empfinden; wenn wir voller Zuversicht wissen, dass Reichtum unser natürlicher Zustand ist, dann schicken wir die nötige Energie aus, um uns so rasch wie möglich in diesen Zustand zu versetzen. Wenn wir uns bereits als reich empfinden, sehen wir die Welt mit anderen Augen. Wir lösen einen wundervollen Entwicklungsprozess aus, der nicht nur unser ganzes Umfeld verändert, sondern auch unser Innenleben auf schönste Weise bereichert. Wir denken uns reich, erschaffen diese wundervolle Energie in uns selbst und ziehen – dem Resonanzgesetz folgend – den gleichen Reichtum in unser äußeres Leben hinein.

**Es gibt einen Unterschied
zwischen dem, was man will,
und jenem, was man wirklich gebrauchen kann.
Finde den Unterschied für dich heraus.**

Wünsche dir lieber gleich, was du mit dem Geld kaufen würdest

Für all jene, deren Wunschkraft sich durch das Visualisieren am stärksten entfaltet, kommt die

Schwierigkeit hinzu ein passendes Symbol für Geld zu finden: Die Materie Geld ist an sich neutral. Welches starke Bild könnten wir also am besten für unseren Wunsch einsetzen? Was können wir uns mit Geld vorstellen? Einen Koffer, gefüllt mit Geldscheinen? Einen Scheck mit einer großen Zahl darauf? Einen Kontoauszug mit der nötigen Summe?

All dies sind keine wirklich guten Bilder, denn der berühmte Geldkoffer gehört eher in die Vorstellung von Kriminalfilmen und Mafiabossen. Der Scheck mit einer großen Zahl darauf schränkt den Wunsch zu sehr ein, sodass uns das Geld nur per Scheck erreichen kann. Und im Grunde wünschen wir uns gar nicht den Scheck, sondern das, was er beim Einlösen Gutes in unserem Leben bewirken kann.

Auch das Bild, wie wir das Geld beim Kauf des Gewünschten auf den Verkaufstresen legen oder in die Hand des Verkäufers drücken, ist nicht stark, denn größere Anschaffungen bezahlen wir heute nicht mehr in bar.

Für Geld gibt es also kein treffendes, brauchbares, vor allem mit Emotion gefülltes Bild, das wir verwenden könnten.

Betrachten wir es einmal genauer, dann haben

wir höchstwahrscheinlich zu all dem, was wir uns mit diesem Geld kaufen würden, eine sehr starke positive Emotion. Und diese Emotion sollten wir nutzen, um das Gewünschte in unser Leben zu ziehen. Sehr oft ist es gar nicht so empfehlenswert, sich Geld zu wünschen, sondern lieber gleich das, was man sich mit dem Geld gerne kaufen würde: das Haus, das Boot, die Wohnung, das Fahrrad. Denn oft kann es passieren, dass wir diese Dinge einfach bekommen, ohne viel Geld dafür zu bezahlen.

Positive Emotionen sind das optimale, schnellste Transportmittel für unsere Wünsche. Hier nun zwei schöne Beispiele, wie man sich statt Geld lieber gleich die beste Lösung wünscht.

Wie ein Autor statt Geld den richtigen Verleger fand

Eines Abends nach einem Vortrag kam ein junger Mann auf mich zu und fragte mich nach der richtigen Formulierung für Geld, damit er das Buch, das er geschrieben hatte, veröffentlichen konnte. Er wollte einen Selbstverlag gründen und das Buch selbst drucken; dafür brauchte er Geld.

Als ich genauer nachfragte, spürte ich die vielen Enttäuschungen, die hinter diesem Wunsch verborgen lagen. Er hatte das Manuskript verschiedenen Verlagen angeboten und stets Ablehnung erfahren. Nun war er so enttäuscht und emotional verletzt, dass er allen beweisen wollte, wie gut sein Buch sei. Deswegen wollte er es selbst veröffentlichen.

»Und was machst du dann, wenn du das Buch gedruckt hast?«, fragte ich.

»Dann verkaufe ich es.«

»Alleine?«

»Ja, klar!«

»Und wie kommt das Buch in die Buchhandlungen?«

Darüber habe er sich noch keine Gedanken gemacht.

Je länger wir darüber sprachen, desto bewusster wurde ihm, dass er in Wahrheit gar kein Geld brauchte: Sein eigentlicher Wunsch war, dass sein Buch veröffentlicht würde und einen guten Platz in den Buchhandlungen finden sollte. Er brauchte demnach einen guten Verleger, und zwar genau den einen, dem das Buch gefiel.

Bliebe er bei dem Wunsch nach Geld, um das Buch selbst zu verlegen, dann würden die Probleme erst recht weitergehen: Er bräuchte Geld für die Werbung und gute Vertreter, um das Buch in die Buchhandlungen zu bekommen etc. Mit der Gründung eines Selbstverlages zum Veröffentlichen seines Buches kämen ganz andere Schwierigkeiten auf ihn zu. Ob das wirklich die Erfüllung seines Wunsches wäre?

Es war also klar, er brauchte einen Verleger. Wir »bastelten« an der richtigen Wunschformulierung, und der junge Autor nahm sich vor, nicht eine Sekunde an der Erfüllung des Wunsches zu zweifeln und sich jedes Mal beim Einschlafen und Aufwachen die Wunschformulierung vorzusagen.

Kurz darauf trat ein Verleger in sein Leben. Inzwischen ist das Buch nicht nur veröffentlicht, sondern es hat sich so gut verkauft, dass der Autor nun ein zweites Buch für den Verlag schreibt.

**Manchmal ist Geld gar nicht die beste Lösung für unser Problem.
Wünsche dir doch lieber gleich,
was du dir in Wirklichkeit erhoffst.**

Die Verfasserin der folgenden Zeilen hatte zum Beispiel kein Geld für einen Flug in der Businessklasse – und dennoch …

Wie sich Marita für ihre Schwester Beinfreiheit im Flieger wünschte

Lieber Pierre,
ich wünschte mir einen Urlaub am Meer. Ein paar Tage später rief mich meine Schwester an und teilte mir mit, dass Aldi als Reiseziel Mauritius anbot, und so sind wir beide nach Mauritius gestartet. Um 14 Uhr flogen wir in der Economyclass los. Meine Schwester konnte kaum die Beine bewegen und hatte starke Schmerzen in den Knien, aber dann sahen wir das Meer, und alle Schmerzen waren verflogen. Am Abend wünschte ich mir – kurz vor dem Einschlafen – einen Fensterplatz für den Rückflug und stellte mir gedanklich vor, wie ich die Beine ganz weit ausstrecken konnte.
Der Urlaub war ein Traum, und die Zeit verging viel zu schnell. Dann der Rückflug – wir haben eingecheckt und sind eingestiegen. Aber unsere Reihe – wo sitzen wir?
»Hier bitte ist Ihr Platz – Businessclass.«
Da ist es mir wieder eingefallen! Wir bekamen einen Fensterplatz, und die Beine konnten wir bis in den Himmel strecken.
Herzliche Grüße
Marita

Wünsch dir was – zum Beispiel Gesundheit

Es gibt eine starke Wechselwirkung zwischen Geist und Körper
Es gibt Wünsche, die scheinen schwerer zu verwirklichen zu sein als andere. Der Wunsch nach Gesundheit ist wohl so ein Wunsch. Was tun, wenn man ständig durch Husten, Kratzen im Hals, Schmerzen oder vielleicht sogar durch eine Behinderung an seine Krankheit erinnert wird? Wie sollen wir da mit voller Überzeugung den Wunschsatz sagen: »Ich bin gesund!«? Schließlich sind wir krank. Die Krankheit ist nicht eingebildet, sondern real. Sie behindert uns, tut womöglich sehr weh und lässt uns oft nicht am Leben teilnehmen.
Beim Wünschen geht es jedenfalls nicht darum, sie zu leugnen. Stattdessen sollten wir möglichst bald unsere Selbstheilungskräfte aktivieren.
Durch *Erfolgreich wünschen* ersetzen wir die Krankheit zuerst gedanklich mit Bildern von

strahlender Gesundheit und lassen diese Energie auf unseren Körper wirken, anstatt wie bisher unserem Körper ständig zu bestätigen, dass etwas mit ihm nicht stimmt.

> **Alle bisherigen Gedanken haben uns dahin geführt, wo wir jetzt gerade sind.**
> **Alle jetzigen Gedanken führen uns dorthin, wo wir gerne sein wollen.**

Denken wir jetzt »Ich bin gesund«, leugnen wir nicht unsere Krankheit, sondern befehlen unserem Körper, alle Selbstheilungskräfte zu mobilisieren – und zwar jetzt. Sich Gesundheit zu wünschen, ist ein Wunsch, der zunächst gar nicht weit von uns wegstrahlt, sondern hauptsächlich auf uns selbst, auf unseren Körper wirkt. Jeder Muskel, jedes Organ, jede einzelne Zelle kann diese Energie und Information auffangen und sich daran orientieren.

Wie wirkungsvoll unsere Gedankenkraft im Wechselspiel mit unserem Körper sein kann, zeigt sich zum Beispiel beim Autogenen Training. Durch reine Gedankenkraft befehlen wir unserem Körper, zu entspannen. Menschen, die sich mit Autogenem Training beschäftigt haben, können sogar allein durch ihre Gedankenkraft die Tätigkeit ihres Herzmuskels verlangsamen oder beschleunigen.

Als ich auf meiner Suche nach dem Glück einige Jahre lang auch Autogenes Training ausübte, war ich erstaunt, wie wirksam diese Methode war. Innerhalb weniger Sekunden konnte ich eine gewisse Schwere im ganzen Körper hervorrufen und vollkommen entspannen, egal wo ich mich befand. Ich konnte mir sogar selbst befehlen, einzuschlafen und zu einem bestimmten Zeitpunkt wieder aufzuwachen. Und jedes Mal, auf die Minute genau, wurde ich wieder wach. Ich konnte im Zug einschlafen und mich durch pure Gedankenkraft am Ziel rechtzeitig wecken lassen. Für viele Jahre besaß ich überhaupt keinen Wecker, da mein innerer Wecker viel genauer funktionierte.

Was vielen vielleicht wie ein Wunder anmutet, ist in Wahrheit keines. Letztendlich bestätigt es nur, wie stark die Kraft unserer Gedanken ist. Und diese Kraft machen wir uns zunutze.

Unser Körper agiert nicht, er reagiert. Er reagiert auf die kleinsten Nervenimpulse. Ein winziger Gedanke von uns veranlasst ihn, Muskeln anzuspannen und die schwersten Gewichte zu heben, ein Auto zu lenken, zu schwimmen oder über einen Graben zu springen. Ein einziger Gedanke bewirkt in unserem Körper ein unendlich kompliziertes Zusammenspiel von Muskeln, Sehnen und Gelenken, damit wir das tun können, an was wir denken. Alle Höchstleistungen unseres Körpers beginnen letztendlich mittels eines winzigen Energieimpulses, ausgelöst durch unser Gehirn. Und genau mit dieser Gedankenkraft können wir uns wieder gesund denken. Selbst Ärzte machen sich inzwischen diese Kraft zunutze, und zwar mithilfe des berühmten Placeboeffektes.

Der Placeboeffekt

Ein Placebo ist nichts anderes als eine kleine Kapsel aus Zuckersubstanzen – wie ein Bonbon – und wirkt trotzdem auf erstaunliche Weise. Warum?

Damit die Zuckersubstanz auch wirkt, benötigen wir ein glaubwürdiges Ritual: Ein Arzt in einem weißen Kittel verschreibt uns mit ernster Miene ein Medikament, das uns ganz gewiss helfen werde. Voller Achtung vor dem Wissen des Arztes lassen wir uns von dieser Überzeugung anstecken und sind zuversichtlich, dass das Medikament uns heilen wird. Noch besser funktioniert das Ganze, wenn in einer so genannten Doppelblindstudie der Arzt selbst nicht weiß, dass er uns nur so ein Zuckerkügelchen verabreicht. Und tatsächlich, das Medikament schlägt an, sodass wir uns innerhalb kürzester Zeit wieder bester Gesundheit erfreuen. Wir sind glücklich, dass unser Arzt so ein enormes Wissen besitzt und genau das richtige Mittel für uns gefunden hat.

In Wahrheit lag es nicht an dem Medikament – das gar keines war –, sondern einzig und allein an unserem festen Glauben daran. Wir waren davon überzeugt, dass die Medizin wirken würde, und dieser starke Glaube hat bewusst und unbewusst all die Selbstheilungskräfte in unserem Körper mobilisiert. Wir haben unserem Körper mitgeteilt, »dieses Medikament wirkt«, und damit begann der Moment der Genesung. Wir haben also nichts anderes getan, als uns Gesundheit *erfolgreich zu wünschen.*

Dies können wir natürlich auch ohne den Aufwand eines Placebos. Wenn wir an die Kraft unserer Gedanken glauben – nichts anderes ist beim Placeboeffekt geschehen –, können wir auf allen Ebenen unseren Körper dazu veranlassen, seine Selbstheilungskräfte zu aktivieren.

Wie sich Nelde eine schnelle Genesung wünschte

Lieber Pierre,
Folgendes hat sich nach Deinem Seminar vom Juni ereignet: Ich hatte am Freitag nach dem Seminar einen OP-Termin im Krankenhaus. Es musste per Arthroskopie an der Schulter etwas von einem Knochen weggeschliffen werden, da ich Schmerzen bei bestimmten Kopfbewegungen und bei sportlichen Tätigkeiten hatte.
Ich ging also mit einer positiven Energie am Vorabend in das Krankenhaus und war mir absolut sicher, dass alles gut geht. Habe meinen CD-Player mitgenommen und natürlich die CD »Erfolgreich wünschen«. (Da ist eine Meditationsmusik zu hören, bei der man glaubt, man schwebe über die Berge. Bewaffnet mit dieser Ausrüstung kann nichts mehr schiefgehen.)
Nach der OP: Sobald ich von der Narkose aufgewacht war, probierte ich, meinen Arm zu bewegen, und ich war mehr als zufrieden mit dem Ergebnis. Am nächsten Tag konnte ich den Arm schon wieder gerade nach oben strecken und machte natürlich ständig Übungen. Am Montag darauf durfte ich nach Hause, nachdem ich mit

einem Therapeuten noch einige Termine vereinbarte, aber der war völlig aus dem Häuschen. Er konnte sich nicht erklären, dass ich mich schon wieder so gut bewegen konnte. Beim zweiten Termin sagte er zu mir: »Ich weiß nicht, was ich mit dir noch machen soll, hätte ich mehrere Patienten so wie dich, wäre ich bald arbeitslos.«
Liebe Grüße
Nelde

Selbst wenn wir von Arzt zu Arzt rennen würden – keiner kann uns »gesund machen«, wenn wir ihm nicht vertrauen. Wenn wir nicht glauben, dass er uns helfen kann, dann wird es auch der beste und teuerste Arzt nicht können. Wenn wir einen Arzt mit unseren Gedanken und unserem Willen nicht unterstützen, kann er wenig bewirken. Halten wir nämlich gedanklich an der Krankheit fest, kann der Selbstheilungsprozess gewaltig hinausgezögert werden.
Wie oft begehen manche von uns den Fehler, ständig daran zu denken, wie krank sie sind, wie unmöglich und kompliziert sich der Gesundungsprozess darstellt, und erzählen jedem, der es hören will (oder nicht), wie krank und er-

schöpft sie sind: »Mir geht es so schlecht. Mir tut alles weh. Ich komme gar nicht mehr hoch. Mir kann keiner helfen. Ich gerate immer an die falschen Ärzte. Ich bin so müde. Ich bin schlapp.« Alle diese Aussagen sind nichts anderes als sehr starke Befehlssätze, die unseren unglücklichen Zustand manifestieren. Und so kann es sein, dass viele von uns – ohne es zu wissen – statt auf eine baldige Genesung auf eine weitere Intensivierung der Krankheit hinarbeiten.

Nicht selten genug denken wir uns sogar sehr gerne krank. Obwohl wir oft bewusst gar nicht krank sein wollen, verspricht uns unsere Krankheit unbewusst zuweilen einen großen Vorteil: Endlich kümmert sich jemand um uns, wir müssen nicht mehr zur Arbeit gehen, endlich können wir mal ausschlafen, wir binden unseren Partner an uns, wir haben das Gefühl, geliebt zu werden, wir erzeugen Mitgefühl, wir entkommen dem Mobbing oder der Überforderung in der Arbeit, wir schwänzen ganz legal eine Prüfung, wir können uns bedienen lassen etc.

Wenn wir verstehen, warum wir krank geworden sind, können wir am schnellsten wieder gesund werden.

Warum werden wir überhaupt krank?
Destruktive Gedanken bringen negative Gefühle hervor. Negative Gefühle können auf unseren Körper einwirken und sich dort widerspiegeln. Wir lagern unsere negativen Gefühle also regelrecht in unseren Körper ein, bis er irgendwann mit einer Krankheit reagiert.

Inzwischen geht die ärztliche Wissenschaft sogar davon aus, dass es wesentlich mehr psychosomatische Krankheiten gibt, als man bisher angenommen hat. Nachdem man jahrzehntelang bei vielen Krankheiten geleugnet hat, dass es eine Wechselwirkung zwischen Psyche – also auch dem, was wir denken – und der jeweiligen Krankheit gibt, rudert man heute kräftig zurück und muss einsehen, dass unsere Gedanken mehr Einfluss auf unseren Körper haben, als man jemals vermutet hat.

Nicht nur die berüchtigten Magengeschwüre oder Herzbeschwerden, sondern eine unendliche Reihe anderer Störungen können ihren Ursprung in unseren Gedanken haben. Letztendlich schadet jeder negative Gedanke unserem Körper. Wut, Hass, Zorn, Eifersucht, Neid, Rache, Unversöhnlichkeit sind die Substanzen, die unseren

Körper krank machen. Welche Gedanken wir auch immer denken, sie können sich in unserem Körper niederschlagen.

Wenn man krank ist, sollte man sich mit folgenden Fragen beschäftigen:

- Was denke ich über mich selbst?
- Mag ich meinen Körper?
- Finde ich mich toll? Oder verurteile ich mich insgeheim in Gedanken?
- Komme ich mir minderwertig vor?
- Fühle ich mich zu alt?
- ... zu schwach?
- ... überfordert?
- ... ungeliebt?
- ... unverstanden?
- Möchte ich am liebsten alles hinschmeißen?
- Betrachte ich mich als Opfer der Umstände?
- Gebe ich allen anderen die Schuld an meiner Lage?
- Trage ich noch Ärger und Groll gegen jemanden in mir?

Alle negativen Gedanken über uns selbst und andere verletzen uns – niemand anderen – und können somit unserem Körper schaden. Wir »basteln« durch diese Gedanken an unserer Krankheit herum. Tritt sie dann ein, sind wir meist ganz erstaunt oder sogar erleichtert, weil wir uns in unserer Angst bestätigt fühlen.

Ängste, Sorgen und Zweifel sind klare Wunschenergien – aber in die andere Richtung.

Alle Ängste, Sorgen und Zweifel, alles Belastende, alles, was uns innerlich aufwühlt und unruhig werden lässt, stört das Gleichgewicht unseres Körpers.

Der schnellste Weg, seine Selbstheilungskräfte anzuregen

☆ Zuerst sollten wir uns bewusst machen, wie oft und ausgiebig wir uns eigentlich mit Krankheit beschäftigen.

☆ Welche Überzeugungen, Meinungen, Theorien und Ängste könnten sich auf diese Weise beständig und tief in unseren Körper einprägen?

☆ Finde heraus, wer oder was negative Gefühle in dir auslöst. Welche Menschen und welche Situationen begrenzen dich? Durch wen oder was fühlst du dich unterdrückt?

☆ Wollen wir rasch wieder gesund werden, gilt es nicht nur, uns Gesundheit zu wünschen, sondern unseren gesamten Körper durch Gedankenkraft zu stärken. Dies ist der eigentliche Katalysator für unseren Wunsch nach Gesundheit.

☆ Unterstütze dich selbst mit positiven Gedanken. Dann werden alle selbstzerstörerischen Befehle, die bisher an deinen Körper gerichtet wurden, nachlassen. Alle falschen Denkmuster der Vergangenheit lösen sich auf und werden durch eine neue, wunderbare Kraft ersetzt. Auf diese Weise können wir schnell wieder gesund werden und können es auch bleiben, da wir unseren Körper ständig mit neuer, frischer, gesundheitsfördernder Energie speisen.

☆ Stell dir ganz bewusst vor, wie es ist, wenn du bereits gesund bist. Sieh dich vor deinem inneren Auge herumspringen, Fahrrad fahren, Ball spielen, Ski fahren, tanzen, joggen, schwimmen, laufen oder Sex mit deinem Partner haben.

☆ Was immer dir Freude bereiten würde, solltest du dir in den buntesten Farben ausmalen. Dies beschleunigt die Selbstheilungskräfte enorm, weil du dich in Resonanz mit dem gesunden Ereignis bringst.

Wie sich Melelana die entarteten Zellen wegwünschte

Lieber Pierre Franckh!
Bei mir wurden nach einem Arztbesuch »entartete« Zellen festgestellt. Als ich nachfragte, ob sich diese Zellen auch wieder zurückbilden könnten, meinte der Arzt, dass das unmöglich sei und dass ich jetzt eben alle paar Monate zur Kontrolle kommen sollte. Nicht mit mir, dachte ich da-

mals und visualisierte kräftig meine vollkommene Gesundheit. Bei der zweiten Untersuchung kam dasselbe Ergebnis heraus. Ich visualisierte weiter, ... und bei der dritten Untersuchung – siehe da, die »entarteten« Zellen waren verschwunden! Der Befund war ganz normal. Seit dieser Zeit hat mich nie wieder ein Arzt in seiner Praxis gesehen.

Damit verbunden war eine private Veränderung in meinem Leben, die ich daraufhin in Angriff genommen habe. Mir war klar, dass diese Krankheitsgeschichte damit zusammenhing. Dadurch konnten sich meine Gefühle wieder »reorganisieren«, ich fühlte mich von Tag zu Tag ein kleines Stückchen besser. Tja, und jeden Tag kommen nun neue schöne Dinge dazu, die ich durch das Wünschen in mein Leben einlade.

Alles Liebe
Melelana

Wenn wir uns Gesundheit wünschen, ist dies übrigens kein Wunsch, den wir nur einmal aussprechen und dann vergessen, sondern ein Wunsch, mit dem wir uns ständig beschäftigen sollten. Schließlich müssen wir einen starken Gegenpol zu unserem beständig gefühlten Bewusstsein der Krankheit errichten. Immerhin werden wir jede Sekunde an unser körperliches Unwohlsein erinnert.

- ☆ Wünschen wir uns Gesundheit, sollten wir uns beständig mit dem Wunsch beschäftigen. Wir wissen um die Kraft und die Wahrheit unserer Worte und vermitteln sie beständig an unseren Körper.

- ☆ Immer dann, wenn unsere Gedanken schweifen oder unsere Krankheit uns aus der Gewissheit der Genesung zurückholt, sollten wir unseren Wunsch bekräftigend wiederholen.

- ☆ Wir fühlen regelrecht in die heilende Wirkung hinein. Wir spüren die Wirksamkeit unserer Gedanken und Worte und können damit einen neuen Bauplan für unseren Körper errichten.

Wie sich Merle entschloss, ihre Hände von den unangenehmen Warzen zu befreien

Lieber Pierre Franckh!
Wir sind selbst noch alle im Wunschrausch und begeistert, wie gut es funktioniert. Meine Freundin, die für solche Dinge nicht so offen zu sein scheint, staunt über unsere »Glückssträhne« – ha!
Hier nun die Geschichte unserer Tochter Merle und den 40 Warzen:
Merle litt seit etwa drei Jahren unter Warzen an ihren Händen. Mit etwa 12 Jahren tauchten die ersten auf und vermehrten sich stetig. Sie litt so sehr darunter, dass sie niemandem mehr die Hand geben mochte. Wenn sie beim Einkaufen an der Kasse stand, legte sie das abgezählte Geld ganz schnell hin, damit niemand die Warzen sah. Im vergangenen Jahr hat ein Hautarzt alle Warzen weggeschnitten, Merle hatte furchtbare Schmerzen, denn sie waren zum Teil sogar unter den Fingernägeln! Einige Wochen später hatte sie nicht nur viele Narben, sondern die Warzen waren auch alle wieder da. Sie hatten sich sogar noch vermehrt und es war schlimmer als je zuvor.

Merles beste Freundinnen wussten von ihrem Leid und litten mit ihr. Am letzten Tag vor den Sommerferien in diesem Jahr verabschiedete sich unsere Tochter von ihren Freundinnen mit den Worten: »Nach den Sommerferien sind alle meine Warzen weg!« Sie war wirklich wütend, traurig und absolut entschlossen. Sie wollte die hässlichen Dinger loswerden.

Am 21. Juli wurde Merle 15 Jahre alt. Einige Tage danach ging es los: Die ersten Warzen lösten sich plötzlich. Sie fielen einfach ab! Die letzte Warze war einen Tag vor Schulbeginn verschwunden. Wir waren alle mit ihr glücklich, denn für einen Teenager ist so etwas ja besonders schlimm. Die Freundinnen staunten Bauklötze und fragten, wie das passieren konnte. Merle hatte es sich einfach fest vorgenommen, dass die Warzen weg sind; sie hat es beschlossen und nicht daran gezweifelt.

Herzlichst
Christine

Heilsame Affirmationen

Besonders wirksam ist es, kurz vor dem Einschlafen mit voller Überzeugung seine Wunschformulierung auszusenden. Es ist wie ein Befehl an den eigenen Körper, im Schlaf der gewünschten Energie zuzuarbeiten. Hier als Beispiel ein paar Affirmationen dazu. Suche dir eine oder mehrere heraus und wiederhole diese, sooft du kannst oder es für richtig empfindest.

☆ Ich bin gesund.

☆ Gesundheit ist mein natürlicher Zustand. Und dieser Zustand stellt sich jetzt in diesem Moment wieder ein.

☆ Ich danke für die Heilung, die jetzt in diesem Moment einsetzt.

☆ Ich bin auf dem Weg der Besserung. Jede Sekunde, jede Minute, jeden Tag geht es mir besser.

☆ Jetzt in diesem Moment stellt sich wieder eine gesunde Ordnung ein.

☆ Durch die Kraft meiner Gedanken veranlasse ich jetzt meinen Körper, wieder in Ausgleich und Harmonie zu kommen.

☆ Meine Augen (Beine, Hände, Arme etc.) sind vollkommen gesund.

Folgende Affirmationen können sehr gut vorbeugend wirken:

☆ Ich liebe meinen Körper.

☆ Ich freue mich am Leben, und dies spiegelt sich in meiner Gesundheit wider.

☆ Ich habe einen wundervollen Körper.

☆ Gesundheit ist mein natürlicher Zustand.

☆ Ich erfreue mich bester Gesundheit.

Hier ist ein besonders berührendes Beispiel, dass ein Wunsch durch selbstlose Liebe besonders viel Kraft bekommt und dass man auch eine Gruppe von Menschen bitten kann, für den gleichen Wunsch zu beten.

Wie sich Heidi für ihren Enkel Gesundheit wünschte

Lieber Pierre Franckh,
ich meditiere in einer buddhistischen Gruppe, die von einem Bettelmönch geleitet wird. An diesem Tag wünschte sich die Gruppe eine Klangschale, und da ich eine zu Hause hatte, spendete ich sie der Gemeinschaft. Dabei darf man sich etwas wünschen. Meist behält man den Wunsch für sich, aber ich sprach ihn aus.
Ich habe einen Enkel mit Down-Syndrom, ein sehr liebes Kind, zu diesem Zeitpunkt ein Jahr alt. Mit der Klangschale hat er oft gespielt. Leider hatte er ein Loch im Herzen, das sich bis dahin nicht verändert hatte, sodass es so aussah, als müsste er eine Herzoperation über sich ergehen lassen. Ich sprach also den Wunsch aus, dass ihm dies erspart bleiben solle, und bat die Gruppe, mit mir darum zu bitten. Drei Monate später kam die Diagnose: Das Loch ist zugewachsen!
Alles Liebe
Heidi

Der Gesundheit zuarbeiten

Keine Frage, wir können uns Gesundheit wünschen, aber wenn wir ständig körperlich gegen unseren Wunsch arbeiten, werden wir wohl wenig Erfolg damit haben. Das wäre so, als wünschten wir uns einen Partner, verriegelten aber gleichzeitig unsere Wohnungstür.

Krankheit hat meist einen Ursprung, den es zu entdecken gilt, bevor Heilung einsetzt. Oft steuern wir – bewusst oder unbewusst – ganz gezielt auf eine Krankheit hin. Viele von uns behandeln ihren Körper ununterbrochen sehr schlecht. Wir lassen ihn Arbeiten verrichten, die ihm nicht guttun. Wir zwingen ihn zum Beispiel, für lange Zeit unbeweglich auf einem Stuhl zu sitzen, und befehlen unseren Augen, stundenlang auf einen Monitor zu starren. Als »Dank« für seine Ausdauer bewegen wir ihn viel zu wenig und führen ihm auch noch ungesunde Nahrung zu.

Trotzdem arbeitet der Körper geduldig für uns. Jeden Tag, jede Minute, jede Sekunde. Er arbeitet während wir schlafen, versorgt alle Organe, lässt das Blut zirkulieren und überwacht die nötige Atmung. Ständig versucht er, alle Defizite in der Ernährung auszugleichen, und speichert das Unnötige in eigenen Depots. Er versucht, all die

Giftstoffe wieder aus dem Körper zu transportieren, aber nicht immer wird er damit fertig, weil bereits neue Gifte zugeführt werden.
Oft ist uns gar nicht bewusst, was wir unserem Körper alles zumuten. Der Wunsch sollte also nicht nur lauten: »Ich bin gesund«, sondern stets begleitet sein vom folgenden Aufforderungssatz:

- ☆ »Ich bekomme genügend Hinweise, damit ich die Ursache meiner Krankheit verstehe.«

Denn was hilft mir der Wunsch, wenn ich unbewusst ständig weiter die Ursache der Krankheit fördere?
Hier ein einfaches Beispiel aus meinem Leben:

Wie ich es nicht schaffte, meine Augen zu heilen

Durch die viele Arbeit am Computer wurde die Sehkraft meiner Augen immer schlechter und die Dioptrien meiner Lesebrille steigerten sich stetig. Natürlich wünschte ich mir Besserung. Meine Augen sollten stechend scharf sehen können. »Ich habe die Sehkraft eines gesunden Jugendlichen«, war mein Satz, den ich zu affirmieren begann. Das wäre doch gelacht, dachte ich, wenn ich das nicht auf die Reihe bekommen würde. Schließlich bin ich mit Wünschen bestens vertraut.

Und tatsächlich, es gab eine Reaktion meines Körpers – allerdings nicht wie gewünscht. Das Einzige, das eintraf, war, dass sich meine Sehschärfe von nun an nicht mehr verschlechterte. Dennoch war ich irritiert. Was genau wünschte ich hier falsch? Um es herauszufinden, wünschte ich mir Informationen, wie ich meine alte Sehschärfe zurückerlangen konnte.

Kurz darauf erzählte mir Michaela, meine Frau, dass ein sehr berühmter alter Schamane in der Stadt sei und sie einen Termin für mich ergattert hätte. Neugierig saß ich schließlich vor ihm, klagte ihm mein Leid und erwartete einen richtig guten und wirksamen Indianerzauber.

»Was mögen deine Augen nicht? Wodurch werden sie denn so schlecht?«, fragte er.

»Durch das lange Starren auf den Bildschirm meines Computers«, antwortete ich.

»Aha«, sagte er, murmelte eine Weile unverständliches Zeug und gab mir zu verstehen, dass er ein sehr wirksames Mittel für die Besserung

meiner Augen habe. Er machte seltsame Zeichen in die Luft und beschwor irgendwelche Geister. Und ich war begeistert. Wenn er sich so intensiv mit der Sehkraft meiner Augen auseinandersetzte, musste die Medizin von ihm gewaltig sein. Schließlich, nach halben Ewigkeiten, beugte er sich verschwörerisch zu mir.
»Wodurch werden deine Augen so schlecht?«, wiederholte er seine Frage.
»Durch das lange Starren auf den Bildschirm meines Computers«, flüsterte ich voller Ehrfurcht.
»Das mögen sie also nicht?«, raunte er zurück, als dürfe uns niemand anderer im Raum hören.
»Ja«, nahm ich nun seinen geheimnisvollen Ton auf. »Das mögen sie nicht.«
Er schaute mich lange an, und ich erwartete den alles heilenden Indianerspruch.
»Dann lass es bleiben«, sagte er und grinste über beide Backen. »Warum hörst du nicht auf deine Augen?« Er begann fast zu lachen. »Das beste Mittel, das ich dir sagen kann, ist: Lass es einfach sein. Es ist doch sehr unklug, deinen Augen so etwas zuzumuten.«
Damit war alles gesagt.
Wir begannen beide zu lachen.
Wie einfach und wie wahr. Meine Wunschfor-

mulierung nach guter Sehkraft war durchaus stimmig gewesen, nur arbeitete ich jeden Tag stundenlang vor dem Computer gegen meinen eigenen Wunsch an.

Sich Gesundheit zu wünschen, ist also eines; alles Notwendige für die Gesunderhaltung zu tun, ist ebenso unerlässlich. Krankheiten in seinem Leben abzustellen, beginnt stets mit dem wichtigsten Schritt:

- Ändere deine Sichtweise.
- Ziehe Konsequenzen aus deiner neuen Erkenntnis.
- Ändere deine Verhaltensweise.

Aus meinem Schatzkästchen
Die folgende Meditation habe ich vor vielen Jahren für mich niedergeschrieben und sooft es ging gelesen – wiederum laut und aus tiefstem Herzen. Seitdem hatte ich nur äußerst selten Probleme mit meiner Gesundheit. Und wenn, dann dauerten sie nur sehr kurz.

Ich liebe meinen Körper.
Ich bin voller Dankbarkeit für die Leistung,
die mein Körper jeden Tag vollbringt.
Im Schlafen und im Wachen arbeitet alles
zu meiner besten Zufriedenheit.
Mein Körper sendet mir alle Signale,
die ich benötige,
um mich auf meine positive Energie
zu besinnen.

Ich habe einen wundervollen Körper.
Mein Körper tut alles für mich,
damit es mir gut geht,
und ich tue alles für meinen Körper,
damit es ihm gut geht.
Durch die Kraft meiner Gedanken veranlasse
ich jetzt meinen Körper,
wieder in Ausgleich und Harmonie zu kommen.
Jetzt in diesem Moment stellt sich eine
gesunde Ordnung ein.
Alles Belastende lasse ich in Gedanken los
und veranlasse dadurch meinen Körper,
es ebenso zu tun.

Ich bin vollkommen gesund.
Gesundheit ist mein natürlicher Zustand.

Ich bedanke mich für die Ausführung
meiner Wünsche
und vertraue auf meine ausgesandte
Wunschenergie.

Wie sich Katrin für ihre Tochter Gesundheit wünschte

Lieber Herr Franckh,
ich bin so glücklich, auf Ihre Bücher gestoßen zu sein. Als ich »Wünsch es dir einfach – aber richtig!« zum zweiten Mal las, fiel es mir wie Schuppen von den Augen.
Es fing eine Woche nach den Sommerferien an. Meine 15-jährige Tochter Nadine klagte über Halsweh, der Arzt diagnostizierte eine virenbedingte Halsentzündung. Sie klang ab, und das war gut so. Nach drei Wochen fing es wieder an, diesmal mit geschwollenen Lymphdrüsen, extrem starken Schmerzen. Es wurde ein großes Blutbild angeordnet. Bei der Auswertung des Laborbefundes konnte keine der vermuteten Krankheiten fest-gestellt werden, aber der Entzündungswert und die Leukozytenanzahl waren sehr hoch.
Wir liefen von Arzt zu Arzt, weil es meiner Toch-

ter zunehmend schlechter ging und die Schmerzen unerträglich wurden. Kein Arzt konnte sich erklären, woher die Entzündung kam. Einen kurzen Moment dachte ich an meine Cousine, die vor vielen Jahren an Leukämie verstarb, sie hatte dieselben Symptome.

Ich hatte Angst, aber da fiel mir Ihr Buch »Erfolgreich wünschen« ein. Ich verwarf den Gedanken an die Krankheit meiner Cousine sofort und wünschte: »Mein Kind ist gesund. Es sind die Zähne!« Am Montag darauf gingen wir zum Zahnarzt, es wurde eine Röntgenaufnahme gemacht – und es waren tatsächlich die Weisheitszähne. Nadine ging es nach der Behandlung zunehmend besser und die Schmerzen ließen auch nach.

Aber das ist noch nicht alles. Man kann sich auch krank wünschen.

Am Samstagabend vor dem besagten Montag hatte ich mir gewünscht: »Mein Kind, ich möchte dir deine Schmerzen abnehmen«. Am Montag nach der Diagnose bekam ich Zahnschmerzen; solche hatte ich noch nie zuvor in meinem Leben gehabt. Sie dauerten genau eine Woche (wie bei meiner Tochter vorher), trotz Behandlungen beim Zahnarzt.

Es ist alles wieder in Ordnung. Aber man sollte sich genau überlegen, was man wünscht. Ich für meinen Teil werde in Zukunft genau überlegen, denn: »Denkst du es, sagst du es, hast du es!« Auch ich habe gelernt, erfolgreich zu wünschen.
Ich danke Ihnen sehr für Ihre Bücher!
Liebe Grüße aus Eisenhüttenstadt
Ihre Katrin

Wünsch dir was – zum Beispiel den idealen Job

Was ist überhaupt der ideale Job für mich?
Diese Frage ist eigentlich die wichtigste, bevor wir mit unserem Berufswunsch beginnen. Sonst verrichten wir vielleicht eine Arbeit, die uns immer stumpfsinniger werden lässt. Nicht nur, dass wir dann keine Freude an unserer Arbeit haben, wir vermitteln auch allen anderen, dass Arbeit an sich etwas sehr Schweres und Unangenehmes sei. Vor allem unseren Kindern wird so eine Einstellung vorgelebt. Nicht selten wachsen sie dann mit dieser negativen Meinung auf.

Vielleicht bist auch du mit so einer Einstellung aufgewachsen. Haben dir deine Eltern vermittelt, dass man für sein Geld sehr hart arbeiten muss und dass Arbeiten generell kein Honigschlecken ist? Dann ist deine Vorstellung vielleicht: »Arbeit ist mühselig und schwer.«

Wenn wir so über unsere Arbeit denken, wird sich genau diese Einstellung in unserem Leben immer mehr verwirklichen.

**Alles was du denkst,
realisiert sich in deinem Leben.**

Es kann sogar sein, dass du aufgrund so einer Einstellung gar nicht die Tätigkeit ausübst, die dir wirklich gefällt. Vielleicht lässt du es selbst nicht zu, dass Arbeit auch leicht und erfüllend sein kann. Vielleicht übst du deswegen eine Tätigkeit aus, die dir – deiner Einstellung entsprechend – unglaublich schwer fällt oder eintönig ist.

Wenn dem so ist, dann können wir wünschen, was wir wollen, wir werden unsere Arbeit immer nur als das erleben, was unseren inneren Überzeugungen – also unseren Grundeinstellungen – entspricht. Deswegen sollten wir als Erstes damit beginnen, diese Grundgedanken zu verändern. Hierbei sind folgende Affirmationen sehr hilfreich. Sprich und denke sie, sooft es dir möglich ist.

Affirmationen der positiven Arbeitseinstellung

- ☆ Meine Arbeit ist Ausdruck meiner Lebensfreude und Kreativität.

- ☆ Meine Arbeit ist leicht und fließend und fördert den inneren und äußeren Reichtum in meinem Leben.

- ☆ Ich erfahre Anerkennung und Glück durch meine Tätigkeit.

- ☆ Arbeit ist erfüllend.

- ☆ Es macht Spaß, zu arbeiten.

- ☆ Meine Arbeit ist der äußere Ausdruck meiner Fähigkeiten.

- ☆ Ich liebe meine Arbeit.

- ☆ Ich darf mich in meiner Arbeit vollkommen ausdrücken und erschaffe dadurch freudvolle Erfahrungen für mich und andere.

☆ Ich habe den richtigen Platz für die Verwirklichung meiner Fähigkeiten gefunden.

Während wir nun durch unsere Gedankenkraft unsere Grundeinstellung zur Arbeit jeden Tag ein bisschen umprogrammieren, können wir uns dem zweiten Schritt zuwenden. Hierbei gehen wir der Frage nach: Welche Tätigkeit würde dir wirklich Freude machen? Dabei ist es belanglos, was andere über deinen Berufswunsch denken oder welche Meinung sie dazu haben. Schließlich möchtest doch du den Beruf ausüben, also sollte er zu dir passen.

Denke darüber nach, welche Tätigkeit dich wirklich erfüllen würde. Was würdest du gerne machen, wenn du nur könntest? Wichtig dabei ist, dass die Arbeit für dich erfüllend sein soll. Schließlich willst du sie Tag für Tag, Jahr für Jahr, vielleicht sogar ein ganzes Leben lang ausüben.

Also gib dich nicht gleich mit der ersten Antwort zufrieden. Vielleicht ist sie noch immer der Wunsch deines Vaters oder deiner Mutter. Oder eventuell ist sie auch nur die Vorstellung, auf diese Weise schnell Geld zu verdienen.

Höre deswegen vor allem nicht auf deinen Verstand!

Es spielt keine Rolle, ob man die Firma des Vaters übernehmen könnte, ob die Eltern stolz auf den gewählten Beruf wären, oder ob eine bestimmte Tätigkeit besonders viel Sicherheit verspricht. Wenn dir die Arbeit keine Freude bringt, mag der Berufszweig als solcher sehr krisensicher sein, aber er wird es nicht für dich sein: Man wird spüren, dass du ihn nicht wirklich ausfüllst, und man wird dir womöglich bald wieder kündigen oder dich mobben, falls du nicht überhaupt von dir aus enttäuscht das Handtuch wirfst.

Also, was ist es, das du immer schon werden wolltest? Was war dein ursprünglicher Traum, bevor andere dich davon überzeugt haben, dass du dazu gar nicht fähig seist. Es ist sehr oft so, dass gerade die Meinung anderer uns zu einem Berufswunsch geführt hat, der uns nicht entspricht.

Wichtig ist nicht, was andere in dir sehen, sondern was du selbst in dir siehst.

Mach dir keine Sorgen, wenn dir die Antwort nicht gleich einfällt. Falls du jetzt nicht sofort weißt, was du eigentlich machen willst, zeigt es dir im Grunde nur, dass dein wahrer Seelenwunsch tief in dir vergraben ist. Keine Sorge, jeder von uns fühlt sich zu irgendetwas berufen. Was das sein könnte, lässt sich relativ leicht herausfinden. Schließlich können wir wünschen. Also wünschen wir uns einfach die Antwort.

Hier ein paar Affirmationen dazu. Suche dir eine oder mehrere heraus und wiederhole sie, sooft du kannst oder es für richtig empfindest.

- ☆ Ich erhalte die beste Antwort auf meine Frage, welche Tätigkeit meinen eigentlichen Fähigkeiten entspricht.

- ☆ Die Antwort liegt bereits in mir. Ich erfahre sie. Sie wird mir gesagt oder gezeigt, laut und deutlich.

- ☆ Was ist mein eigentlicher Lebensplan?

- ☆ Welche Tätigkeit erfüllt mich und ist eine wundervolle Hilfe für andere?

- ☆ Was ist mein Herzenswunsch?

☆ Wie will ich meine Fähigkeiten verwirklichen?

Gehe mit dem Wunsch nach der Antwort abends schlafen und stehe mit diesem Wunsch morgens auf. Und sei nicht ungeduldig. Die Antwort wird kommen, und zwar so überraschend deutlich, dass du erstaunt sein wirst. Die Lösung ist manchmal so mächtig, dass dir vor Freude Tränen in die Augen schießen werden. Wenn sie kommt, wirst du es wissen, weil sich die Wahrheit völlig anders anfühlt als alles Bisherige in deinem Leben. Sie fühlt sich so wundervoll an, dass du beseelt beginnen wirst, diesen Berufswunsch möglichst rasch in die Tat umzusetzen. Dann wird der Beruf zur Berufung: der Ruf deiner Seele nach Entwicklung.

Es ist überaus wichtig, dass es sich richtig anfühlt, aber völlig unwichtig, ob es verstandesmäßig richtig ist. Achte auf diesen Unterschied. Fühle dich in die Tätigkeit hinein. Ist es ein angenehmes Gefühl? Oder lässt es dich eher kalt? Oder berührt es dich sogar unangenehm? Bist du aufgeregt bei dem Gedanken? Oder gelangweilt? Welche Emotion löst es bei dir aus? Frage nur dein Gefühl – niemand anderen.

> **Die anderen sehen immer nur das in dir,
> was du ihnen bisher von dir gezeigt hast.**

Die Menschen um dich herum sind also keine guten Ratgeber. Vor allem dann nicht, wenn du dein Leben ändern möchtest. Bei den großen Wünschen – unser Traumberuf ist sicherlich ein großer – sollten wir lieber erst einmal schweigen und die Idee unseres neuen Lebensplans niemanden wissen lassen, damit niemand das zarte Pflänzchen durch unqualifizierte Bemerkungen zertreten kann.

Visualisiere deinen Traumjob

Wenn wir herausgefunden haben, was uns beruflich Spaß machen würde, gilt es, diesen Beruf durch Gedankenkraft in unser Leben zu ziehen. Ein äußerst machtvolles Mittel, seine Wünsche schnell zu realisieren, ist unsere bildliche Vorstellungskraft.

- Stelle dir in Gedanken bereits vor, wie du anderen Menschen mit deiner Tätigkeit hilfst. Sieh ihre glücklichen Gesichter und

spüre die positive Energie, die von dir zu ihnen geht.
- Sieh dich bereits deinen Traumberuf ausüben, sieh dich in deinem Büro während einer Beratung, am Schreibtisch vor dem Computer oder am Steuer deines eigenen Lkws. Mach es wie ein Schauspieler, lebe dich in die Rolle ein, die du gerne einnehmen würdest. Tue dies so realistisch wie möglich.
- Wenn du eine eigene Firma gründen willst, stell dir die Arbeitsräume vor. Stell dir vor, wie du darin umhergehst, wie du mit deinen Angestellten redest, wie die Aufträge hereinkommen und wie glücklich alle sind.
- Suchst du eine Anstellung für eine Tätigkeit, die du gerne ausüben würdest, stelle es dir bildlich vor. Räume in Gedanken bereits deinen Schreibtisch ein, sieh, wie zufrieden deine Kollegen und Vorgesetzten sind und wie angenehm dein Leben dadurch verläuft.

Der Unterschied zwischen einem Visionär und einem Tagträumer ist die Art und Weise, wie das gewünschte Ziel verfolgt wird.

Je mehr du dich in diese Bilder vertiefst, ohne an ihnen zu zweifeln oder dich als Tagträumer zu bewerten oder dich gar für verrückt zu halten, umso schneller werden deine bildlichen Vorstellungen und die Wirklichkeit miteinander verschmelzen.

Der Unterschied zwischen Tagträumen und unserer Wunschenergie besteht nämlich darin, dass wir durch gezielt gesteuerte Wunschbilder ein Ziel erreichen wollen, während Tagträumer nur aus ihrer Realität zu entfliehen suchen und sehr wenig, um nicht zu sagen gar nichts dafür tun, ihre Visionen zu verwirklichen. Wir hingegen gehen durch das Visualisieren in Resonanz mit unserem Wunschberuf und senden beständig die positivste Energie dafür aus.

Wir werden, was wir denken.

Je entspannter wir dabei sind, je weniger Druck wir aufwenden, desto schneller werden wir unser Ziel erreichen. Bieten wir voller Freude etwas an, und sei es nur energetisch, so sucht sich die feinstoffliche Energie den besten Ort und die beste Stelle für uns aus, und dies auch noch auf dem schnellsten Weg.

Wir senden feinstoffliche Energie aus, wir empfangen feinstoffliche Energie. Unsere Energie sucht nur eine gleichschwingende Energie. Mit hoher Wahrscheinlichkeit sucht da draußen jemand genau so eine Person, wie du es bist – ihr kennt euch nur noch nicht.

**Durch unsere Wunschkraft
werden wir zu unserem eigenen Arbeitsamt,
zu unserer eigenen Stellenvermittlung.**

Warum sich länger darauf verlassen, dass jemand endlich unser Potenzial erkennt und die richtige Stelle für uns findet, wenn wir es doch selbst wesentlich schneller und effektiver können?
Durch *Erfolgreich wünschen* treten wir bewusst aus der Opferhaltung heraus und nehmen unser Leben wieder selbst in die Hand. Unsere Fantasie ist dabei eine sehr starke Kraft, die das Gewünschte in unser Leben zieht. Ergänzen können wir das Ganze durch nachfolgende Affirmationen.

Die fünf besten Affirmationen, um den Traumberuf in dein Leben zu ziehen:

- ☆ Durch die Kraft meiner Gedanken ziehe ich meine idealen Geschäftspartner und Kollegen jetzt an.

- ☆ Den idealen Arbeitsplatz gibt es bereits für mich.

- ☆ Meine Geschäftspartner, Kollegen und Arbeitgeber sind jetzt in diesem Augenblick ebenso bereit wie ich, sich auf meine wundervolle Arbeitskraft einzulassen.

- ☆ Es steht mir zu, den für mich richtigen Beruf auszuüben.

- ☆ Ich bin offen und bereit, den wahren erfüllenden Beruf für mich jetzt zuzulassen.

Wie Pia durch den beständigen Glauben an die Erfüllung ihres Wunsches schließlich ihren Traumberuf bekam

Drei Mails erhielt ich in kurzen Abständen:

21. September
Lieber Pierre,
womit soll ich anfangen? Vielleicht damit, dass ich einen sogenannten »Businessclub/Netzwerkparty« besuchte und dabei nichts herauskam. Zu diesem Zeitpunkt hatte ich alle positiven Affirmationen von früheren Büchern wieder vergessen und mich weiter in meiner Hoffnungslosigkeit und meinem Selbstmitleid gesuhlt. Arbeit war keine in Sicht, es hagelte Absagen.
Ich hatte Ihr erstes Buch schon gelesen, aber weil ich so superschlau bin, hatte ich es wieder weitergeschenkt, da ich glaubte, es nicht mehr zu brauchen. Eines Nachts, als die Verzweiflung besonders groß war und ich mich schon unter einer Brücke nächtigen sah, fiel mir das Buch »Erfolgreich wünschen« wieder ein. Also hin zum nächsten Buchladen, um ein Exemplar zu kaufen; dabei fiel die Info über das zweite Buch heraus, das ich sofort bestellte.

Und nun ging es los ... Nachdem ich absolut hoffnungslos war und keine Ahnung hatte, was ich noch machen sollte, schrieb ich einen Zettel mit genau den Sachen, die ich gut konnte, und welche Art Arbeit ich wollte: Ich wollte meine sieben Sprachen anwenden, etwas in internationalem Umfeld, gehobenes Ambiente, viel Organisation, Menschenkontakt, und das alles bitte gut bezahlt ... Ich las Ihr Buch und summte den ganzen Tag vor mich hin: »Ich habe einen tollen Job ...!«

Da traf ich einen Freund aus eben diesem »Business-club« wieder (per Zufall in einem Biergarten – mir war die Begegnung am Anfang eher peinlich, aber sie sollte mich weiterbringen!), und er wollte mich unbedingt zu einem Event einladen. Ich hatte schon so ein komisch gutes Gefühl ... Nun, der Rest ist schnell erzählt. Ich bin zu dem Event gegangen, habe den Manager des Veranstaltungsortes kennengelernt, er unterhielt sich mit mir, und gerade meine Sprachen waren es, die er faszinierend fand. Nächste Woche ist das Vorstellungsgespräch, bei dem weitere Details besprochen werden sollen.

Vielen, vielen Dank!

Ihre Pia

28. September, 11 Uhr 47
Lieber Pierre!
Jetzt drängt bei mir die Zeit ... Es ist immer noch keine endgültige Entscheidung gefallen. Darum sage ich mein Mantra »Ich habe einen tollen Job« laut und deutlich vor mich hin. Es klappt ...
Ihr Buch liegt neben meinem Bett, und wenn ich aufstehe und wenn ich zweifle, lese ich nach.
Bis bald mit Updates!
Pia

28. September, 12 Uhr 48
Herr Franckh,
es ist ein Wunder geschehen. Gestern war ich noch total deprimiert, am Boden, wusste nicht, wie es weitergeht. Diese Firma, in die ich mich hineingewünscht habe, machte keine Anstalten, mich einzustellen.
Trotzdem habe ich weiter gewünscht – und vor zwei Minuten kam der Anruf, dass sie sich eine Zusammenarbeit mit mir sehr gut vorstellen können. Und das punktgenau zu meiner bestellten Zeit: Ich wollte bis Ende September einen neuen Job. Danke, danke! Ohne Ihr Buch wäre ich bestimmt verzweifelt.
Pia

Stelle deinen Beruf in den Dienst anderer
Das klingt vielleicht selbstlos, ist es aber in Wahrheit nicht. Im Gegenteil, der größte Fehler, der gerne gemacht wird, ist, dass man sich meist auf die Vorstellung beschränkt, wie reich man durch seinen Beruf wird, wie viel Anerkennung man bekommt und wie andere vor Neid erblassen. Manchmal träumt man auch davon, es anderen zu zeigen, was man alles drauf hat.
Dagegen ist prinzipiell nichts einzuwenden. Alle positiven Gedanken und Wunschbilder helfen uns bei der Verwirklichung. Und dennoch gibt es einen Wunsch, der wie ein Turbo für die Erfüllung unseres Wunsches wirkt:

☆ Ich stelle meinen Beruf in den Dienst anderer Menschen.

Schließlich ist dies die wahre Bestimmung und der tiefere Sinn eines jeden Berufes. Jeder Beruf tut etwas für andere. Wir geben etwas, was andere brauchen können. Je mehr andere das annehmen, was wir zu geben bereit sind, desto erfolgreicher sind wir. Daher ist es höchst bedeutsam, sich darüber klar zu werden, dass wir hauptsächlich für andere da sein werden. Und weil dies so wesentlich für unseren Erfolg ist, kann man diesen Faktor nicht oft genug wiederholen.

- Jeder Beruf zielt letztendlich darauf ab, von anderen angenommen zu werden.
- Angenommen wird nur das, was andere brauchen können. Unser Angebot sollte anderen Menschen in irgendeiner Weise helfen.
- Der wesentliche Grundgedanke, der uns zum beruflichen Erfolg führt, ist also der Wunsch, anderen zu helfen.
- Je mehr wir dies tun, desto größer wird der Erfolg sein.

Wie ein Schauspieler über Nacht zu großem Erfolg kam

Auf einem meiner Vorträge kam ein junger Schauspieler auf mich zu und fragte mich, wie er es schaffen könne, mehr Erfolg zu haben. Er spielte bereits Hauptrollen an einem großen Theater, hatte aber das Gefühl, stets weniger Applaus zu bekommen als andere. Obwohl er doch die wesentlichen Rollen spiele, den meisten Text und die emotionalsten Szenen habe, werde er nicht wirklich vom Publikum angenommen. Obwohl er über die beste Technik verfügte, bekam er nicht die erhoffte Anerkennung von den Zuschauern.

Jetzt hatte er sogar Angst, dass sein Vertrag nicht verlängert würde. Schon seit Wochen wartete er darauf. Seine Kollegen hatten schon fast alle einen neuen Vertrag, nur er nicht.

Ich fragte ihn, für wen er denn spiele. Er überlegte kurz, dann antwortete er: »Ich spiele, weil es toll ist, zu spielen.«

Je mehr er erzählte, desto offensichtlicher wurde es: Er spielte nur für sich. Er fand sich toll und wollte, dass alle anderen ihm huldigten. Er spielte demnach nicht für das Publikum. Er brillierte durch seine Technik, hatte ein fabelhaftes Wissen und verstand es, sich in Pose zu setzen, Pausen zu halten und Spannungsbögen zu entwickeln. Dennoch gab er in Wahrheit nichts von sich preis.

Es war ganz einfach: Er wurde vom Publikum nicht angenommen, weil es nichts anzunehmen gab. Es gab etwas zu bewundern und zu bestaunen, aber mehr auch nicht. Er spielte eher für sich als für andere.

Als ich ihm meinen Eindruck vermittelte, wurde er zuerst wütend: Danach habe er nicht gefragt; er wolle nur eine Wunschformulierung.

Ich wurde noch deutlicher und gab ihm zu verstehen, er solle seine Selbstliebe nicht zur Selbstverliebtheit perfektionieren, sondern in Nächstenliebe transformieren. Daraufhin wurde er laut und wollte auf der Stelle eine Wunschformulierung. Ich gab sie ihm.

Drei Monate später trafen wir uns wieder – und er war ein vollständig veränderter Mensch. Das Publikum war begeistert und beschenkte ihn mit tosendem Beifall. Die Direktion war an ihn herangetreten und hatte ihm einen Dreijahresvertrag angeboten.
Was war geschehen? Wie hatte sein Wunsch gelautet? Es waren nur vier Worte, die sein Leben verändert haben: »Ich liebe mein Publikum.«
Anfangs war er überhaupt nicht begeistert gewesen von der Formulierung. Schließlich versagte das Publikum ihm die Anerkennung. Wie könne er es dann lieben? Trotzdem glaubte er mir und begann sich morgens und abends in diese Energie hineinzufühlen. Und plötzlich hatte sich etwas verändert. Etwas, das seine Kollegen nicht verstehen konnten. Er selbst aber schon. Er hatte einfach begonnen, sein Publikum zu lieben – und wurde mit Gegenliebe beschenkt.

Auch bei unserem Traumjob setzen wir unsere Talente ausschließlich für andere ein. Erst dann fühlen sich die Menschen berührt, verstanden und beschenkt und sind bereit, dieses Geschenk zu erwidern. Beim Schauspieler auf der Bühne ist dies nicht anders als bei allen anderen Berufen.

> **Wenn wir etwas erhalten wollen,
> ist es am besten, etwas zu geben,
> damit wir in den Fluss
> des Energieaustausches kommen.**

Wenn wir Erfolg haben wollen, sollten wir daher nicht nur das tun, was wir lieben, sondern auch den Menschen etwas geben, was sie brauchen. Das kann ein Buch sein, ein helfendes Wort, die richtige Reisevermittlung, die perfekte Busfahrt, der beste Rat. Gleichgültig, ob Autor, Heilpraktikerin, Ticketverkäufer, Busfahrer oder Anwältin: Wenn wir etwas für andere tun wollen, also unser ganzes Potenzial dafür einsetzen, anderen zu helfen, werden wir am schnellsten zu großem und vor allem erfüllendem Erfolg kommen. Es wird sich wie ein Lauffeuer herumsprechen: Da ist jemand, der meint, was er sagt; er hört zu, er interessiert sich.

Und warum sollte man nicht mit guten Dingen viel Geld verdienen? Wahrer Erfolg schließt meist Geld mit ein.

Wie eine Verkäuferin durch Freude an ihrem Job alle in ihren Bann zog

In dem Supermarkt, in dem ich früher eingekauft habe, stand vor der einen Kasse meist eine größere Schlange als vor der anderen. Ich dachte anfangs, die betreffende Kassiererin sei einfach langsamer als alle anderen, und mied ihre Kasse. Aber mit der Zeit wunderte ich mich, warum die Menschen trotzdem dort stehen blieben. Und zwar immer wieder. Daher wurde ich neugierig und stellte mich ebenfalls dort an.

Als ich an die Reihe kam und meine Sachen auf das Förderband legte, wurde ich mit freundlichen Augen begrüßt und gefragt, wie mein Tag verlaufen sei und ob es mir gut gehe. Ich lachte und erzählte der Frau, mir sei aufgefallen, dass bei ihr wesentlich mehr Menschen anstünden als an den anderen Kassen. Sie lachte ebenfalls, nickte kess und meinte: »Ich bin einfach nur freundlich.« Dann schüttelte sie den Kopf, als hätte sie sich selbst eines Besseren belehrt. »Nein«, korrigierte sie sich, »ich bin einfach gerne hier. Ich liebe es, hier zu arbeiten.«

Dann sah sie auf meinen Einkauf und fragte mich, ob ich eine Tüte benötigte. Sie habe eine von zu Hause mitgebracht, dann müsse ich kein Geld dafür ausgeben.

Diese Frau hatte Erfolg in dem, was sie tat. Die Leute liebten sie. An ihrer Kasse wurde stets gelacht und freundliche Worte gewechselt. Sie liebte ihre Tätigkeit – nach langer Arbeitslosigkeit – und half gerne anderen Menschen. Es gibt kein besseres Erfolgsrezept.

Stolpersteine beim Wünschen

Je öfter unsere Gedanken positiv um den neuen Wunschjob kreisen, desto schneller wird er eintreffen. Aber nicht immer fällt es uns leicht, bei unserer positiven Einstellung zu bleiben. Denn jede Nachricht über eine Massenentlassung, jede Verlegung von Firmen ins Ausland, jede Rationalisierung schürt unsere Ängste. Täglich hören wir von fehlenden Arbeitsplätzen und vom massiven Mangel an Ausbildungsplätzen.

Je mehr wir uns aber mit den schlechten Meldungen beschäftigen, desto mehr steigen wir in die ängstliche Gedankenwelt ein und befürchten, dass uns das gleiche Schicksal ereilen könnte. Wenn wir dann tatsächlich entlassen werden oder keinen Job mehr bekommen, fühlen wir uns in unseren Ängsten bestätigt. Wir haben es ja gleich gewusst!

Aber was haben wir gewusst? Dass sich unsere Gedanken realisieren werden? In Wahrheit haben wir uns nur von der Angst anderer beeindrucken lassen. Wir ließen sie zu unserer Wahrheit werden und befinden uns nun da, wo wir uns durch unsere Gedankenkraft – wenn auch unbewusst – hingewünscht haben.

Jeder Mangel hat eine geistige Ursache.

- Wenn wir glauben, wir schaffen es nicht, wird dies unsere Wirklichkeit werden.
- Wenn wir glauben, wir seien darauf angewiesen, dass uns andere aus unserem Loch herausholen, wird genau dieser Gedanke Wirklichkeit werden. Nur werden wir vielleicht sehr lange warten müssen, bis sich jemand die Mühe macht, uns zu helfen.

- Wenn wir fest davon überzeugt sind, einen wundervollen Arbeitsplatz zu *haben (!),* wird dies ebenfalls Wirklichkeit werden.
- Lass dich daher nicht beeindrucken von äußeren Umständen. Gehe nicht noch tiefer in die Hoffnungslosigkeit deiner Gedanken.
- Sieh dir keine Nachrichten im Fernsehen an, die dich in deiner eigenen Energie stören könnten. Und höre dir keine Schreckensmeldungen im Radio an.
- Konzentriere dich auf dich selbst und deine Kraft.
- Hole dich durch positive Affirmationen aus deinem energetischen Loch heraus, bring dich zurück in eine positive Grundstimmung und vergiss nie: Alles geschieht nach deinem Willen. Dein Wille entsteht durch deine Gedanken.
- Wenn wir fest bei unserem Glauben bleiben, kann auch das Unmöglichste geschehen.

Manchmal verändern sich die Gegebenheiten so, dass man mit sich und seiner Arbeit nicht mehr zufrieden ist. Man hat aber nicht den Mut und die Kraft, aus eigenen Stücken eine Änderung herbeizuführen. Genau dann ist *Erfolgreich wün-*

schen die beste Art, feinstoffliche Energie auszusenden und sein Bewusstsein auf das zu lenken, was im gegenwärtigen Lebensabschnitt das Beste für einen wäre.
Genauso hat es der Mann gemacht, der mir das folgende Erlebnis mitgeteilt hat.

Wie Peter durch Wünschen nach 20 Jahren den richtigen Job fand

Nach rund 20 Jahren bei der gleichen Firma hat sich mein Job in eine Richtung verändert, die nicht meinen Vorstellungen entsprach. Nach intensivem Überlegen, Abwägen und zahlreichen schlaflosen Nächten kam ich zum Schluss, mich beruflich zu verändern. Ich habe mir sofort einen neuen Job gewünscht, der mich wieder glücklich macht.

Am darauffolgenden Wochenende erschien ein Stelleninserat in der Zeitung. Dass eine solche Stelle zu besetzen war, bedeutete für mich unglaubliches Glück: Nur ein unwesentlich längerer Arbeitsweg, jobmäßig eine Horizonterweiterung, bisherige Erfahrungen können eingebracht werden, bessere Entlohnung etc. Ich habe mich so-

fort beworben. Nach einem Gespräch mit dem Headhunter und zwei Gesprächen mit der neuen Firma war es klar: Ich hatte die Stelle!
Alles Gute und beste Grüße aus der Schweiz!
Peter

Dass auch bei den beruflichen Wünschen nichts unmöglich ist, zeigt die Geschichte einer Frau, die in einem absoluten Tief steckte, sich davon aber nicht unterkriegen ließ, sondern sich mit der Kraft ihrer Gedanken von dort wieder selbst herausholte. Manchmal kann die Erfüllung des Wunsches außergewöhnlich schnell gehen. In diesem Fall dauerte es nur eine einzige Stunde.

Wie sich Ursula einen Job mit einem ganz bestimmten Gehalt wünschte

Hallo, Herr Franckh,
vor wenigen Tagen bin ich auf Ihr Buch »Wünsch es dir einfach – aber richtig« gestoßen. Ich fing gleich mit dem Wünschen an, und zwar für meine berufliche Zukunft, da ich gerade eine Insolvenz hinter mir habe und finanziell so schnell wie möglich wieder auf die Beine kommen möchte.

Heute Morgen also formulierte ich folgenden Wunsch:
»Ich habe eine Arbeit in meinem erlernten Beruf, die mir Spaß macht und mit der ich den Betrag X verdiene.«
Es ist unglaublich: Nur eine Stunde später klingelte das Telefon. Eine Firma, bei der ich mich kürzlich beworben hatte, rief an und fragte, ob ich noch heute zum Vorstellungsgespräch kommen könne. Wir vereinbarten einen Zeitpunkt, ich fuhr hin ... und bekam den Job – mit meiner Gehaltsvorstellung!
Ich möchte mich hiermit bei Ihnen bedanken: Ihr Buch hat mir gezeigt, wie wichtig die richtige Formulierung der Wünsche ist.
Mit freundlichen Grüßen
Ursula

Wie man es schafft, für lange Zeit Erfolg in seinem Beruf zu haben

Nur wer seine Arbeit liebt, hat auf Dauer Erfolg. Nur wer seine Arbeit gerne verrichtet, sendet beständig eine positive Energie aus. Andere spüren, dass man in seiner Arbeit aufgeht. Es macht Freude, uns Arbeit zu geben. Unsere Gedanken lauten dann: »Ich arbeite gerne. Ich bin gerne hier. Ich freue mich, hier arbeiten zu können.«

Wer dagegen seine Arbeit nur des Geldes wegen verrichtet, der sendet ständig ganz andere Gedanken aus: »Ich habe es satt. Ich will hier nicht sein.«

Wer seine Arbeit nur so hinter sich bringen will, weil er ja irgendwie Geld verdienen muss, wird keine Energie, keine Kraft und Freude für seinen Beruf aufbringen.

Denkt man während der Arbeit nur daran, wann endlich Feierabend ist, oder sehnt man sich nur noch das Wochenende oder den nächsten Urlaub herbei, damit man endlich für ein paar Tage nicht mehr arbeiten muss, dann lehnt man seine Arbeit in Wahrheit ab. Man versucht, die Arbeit zu vermeiden. Man will ihr entkommen und fühlt sich gezwungen, die ungeliebte Tätigkeit zu verrichten, damit man seine Familie ernähren oder die Miete bezahlen kann.

Betrachtet man seine Arbeit auf diese Weise, wird sie für alle zur Qual. Man hat das Gefühl, sehr hart zu arbeiten, und leidet unter den Anforderungen, die an einen gestellt werden. Diese innerliche Abwehr spüren alle Beteiligten.

Es ist auch ziemlich riskant, zum Beispiel folgenden Gedanken nachzugehen: »Ich bin unterbezahlt, ich bekomme zu wenig Anerkennung, mir steht ein viel besserer Posten zu.« Man wünscht sich nicht etwa einen besseren Job, Lob oder Beachtung, sondern ist permanent unzufrieden. Mit genau diesen Gedanken löst man aber eine innere Trennung aus.

**Mit der beruflichen Unzufriedenheit
löst man eine innere Trennung
zwischen sich selbst und dem Arbeitsplatz aus.**

Man sollte sich daher nicht wundern, wenn man dann plötzlich die Kündigung erhält. In Wahrheit hat man sich bereits lange vorher von der Arbeitsstelle getrennt. Man hat innerlich längst den Job quittiert. Das Außen führt meist nur folgerichtig den unbewussten Wunsch aus. Der Arbeitgeber ist dann ein Gehilfe – ein offizielles Ausführungsorgan – unseres Wunsches.

**Wenn wir uns innerlich trennen,
wird die Trennung auch bald im Außen vollzogen.**

Erfüllt man dagegen seine Aufgaben gerne, weil es Spaß macht, weil man Freude dafür empfindet, dann wird nicht nur das eigene Leben zu einer harmonischen Angelegenheit, sondern wir werden von Kollegen und Vorgesetzten umgeben sein, die gerne mit uns zusammenarbeiten.
Wer gerne arbeitet, ist stets eine gute Arbeitskraft. Man wird wahrscheinlich sogar bei der nächsten Gehaltserhöhung miteinbezogen, und zwar ohne dass man sie einfordern muss. Es geht nur darum, unsere innere Einstellung zu den Dingen zu verändern.

Erfolgreich wünschen ist nichts anderes, als unsere gewohnte Sicht auf die Dinge zu verrücken. Wenn wir uns wünschen, glücklich und zufrieden mit unserer Arbeit zu sein, wird dies bald in unser Leben treten, weil wir uns selbst zu einem glücklichen Menschen verändern. Dann ist Arbeit kein Stress mehr, sondern pure Freude.

Leah hat dies auf erstaunliche Weise am eigenen Leib erfahren. Ihr Erlebnis zeigt allzu deutlich, wie die innere Einstellung den Berufsalltag vollkommen verändern kann.

Wie Leah ihre Einstellung zu ihrem Job änderte und plötzlich von allen geliebt wurde

Lieber Herr Franckh,
heute muss ich mich einfach dafür bedanken, was Sie mit Ihrem Buch für mich getan haben. Sie haben mein Leben verändert!
Zunächst begann es mit einer völligen Umkehr meiner beruflichen Situation. Ich wurde von einer gemobbten Persona non grata zu einer geachteten und respektierten Kollegin! Ich genieße heute die Anerkennung meines Chefs und liebe meine Arbeit. Und das habe ich maßgeblich der Veränderung meiner inneren Einstellung zu mir selbst und meiner Umgebung zu verdanken. Und nicht nur das: Selbst Geldbestellungen trafen – zwar nach einer »Wartezeit« von ca. 3 bis 4 Monaten – bei mir ein. Ich erhielt just Anfang diesen Monats völlig unverhofft eine größere Geldsumme einfach so auf mein Konto gezahlt! Selbst einen völlig neuen Freundeskreis mit Menschen, die sich mit den gleichen Themen beschäftigen wie ich, habe ich mir herbeigewünscht und bekommen.
Ich fühle mich derzeit von Tag zu Tag wohler und in meinem Leben rundum »angekommen«.

Seitdem ich wieder angefangen habe, offen und ohne Hintergedanken auf Menschen zuzugehen, ist mir viel leichter ums Herz. Und ich habe mich auch endlich von diesem »Druck« befreit, dass ich immer perfekt sein und gut aussehen muss. Sondern: Ich bin, wie ich bin. Und das tut unendlich gut! Ich verbiege mich nämlich nicht mehr – für niemanden –, und dadurch bin ich echt und nahe bei mir. Und meine Wünsche funktionieren in jeder Richtung mehr als gut!

Am letzten Freitag schenkte mir eine Frau an meinem Arbeitsplatz eine wunderschöne Kerze – und eine kleine Karte war daran befestigt. Ich konnte sie erst zu Hause lesen, aber mir kullerten die Tränen, als ich las, was sie mir geschrieben hatte:

»Liebe Frau D., ich möchte einfach mal Danke sagen. Sie sind eine ganz Liebe. Immer freundlich, hilfsbereit und gut gelaunt. Bleiben Sie sich weiterhin treu. Herzliche Grüße!«

Ist das nicht die schönste Bestätigung, die man von einem fremden Menschen bekommen kann? Und ich habe zum ersten Mal seit Jahren gemerkt, dass das, was ich ausstrahle, auch meinem inneren Gefühl entspricht. Und jetzt bin ich dankbar dafür, dass ich mir durch das Wünschen und das Beschäftigen mit mir selbst wieder so nahe kommen durfte. Das ist wie ein Geschenk für mich.

Ich habe wieder einen Traum, und ich kann endlich wieder in die Zukunft schauen; ich habe Pläne, Träume und Wünsche. Ich habe endlich mein Leben zurück! Und dafür bin ich dem Universum – und allen Menschen, deren Bücher ich in den letzten Monaten lesen durfte – unendlich dankbar!

Mit ganz herzlichen Grüßen
Ihre Leah

**Finde den Beruf, den du liebst,
und du wirst keinen Tag in deinem Leben arbeiten.**
KONFUZIUS

Will man seine Arbeit auf lange Sicht behalten, beruflich aufsteigen oder einfach anerkannt und geliebt werden, sind die nachfolgenden Affirmationen wirkungsvoll. Suche dir eine oder mehrere heraus, die du für richtig empfindest, und wiederhole sie, sooft du kannst.

☆ Ich bin gut in meinem Job.

- ✩ Ich bin so gut, dass ich mehr Geld verdiene

- ✩ Meine wundervolle Leistung fällt allen angenehm auf.

- ✩ Ich bin so leistungsfähig, dass man meine Hilfe benötigt.

- ✩ Ich liebe meine Tätigkeit.

- ✩ Alle anderen lieben meine Tätigkeit.

- ✩ Meine Arbeit wird gewünscht und gesucht.

- ✩ Mein Beruf ist in meinem Leben uneingeschränkt willkommen.

- ✩ Meine Leistung wird anerkannt und geachtet.

Natürlich kann man sich auch innerhalb der Arbeitsstelle jede Form von Veränderung wünschen.

Hier ist so ein Beispiel, das sehr gut zeigt, wie wir bei unserer beruflichen Tätigkeit kleinere oder sogar größere Wünsche realisieren können.

Wie sich Fiona berufliche Aufträge wünschte

Ich arbeite als freie Journalistin für verschiedene Zeitungen und schreibe redaktionelle und auch viele PR- und Anzeigentexte. Neulich wünschte ich mir einen Haufen Aufträge von einer der Anzeigenabteilungen, am besten gleich eine ganze Beilage. (Die Arbeit kann man sich so schön einteilen, und alle Termine können am Vormittag stattfinden, wenn die Kinder in der Schule sind.) Der Anruf des dafür zuständigen Anzeigenleiters kam wenige Tage später. Mein Wunsch hat sich erfüllt. Im Moment schreibe ich an der Beilage.
Das sind noch keine welterschütternden Dinge, aber das Wichtige ist, dass ich durch dieses Erlebnis meine verschüttete Zuversicht wiedergefunden habe.
Alles Liebe
Fiona

Aus meinem Schatzkästchen
Als ich vor vielen Jahren meinen Beruf als Schauspieler aufgab und zu schreiben anfing, habe ich die folgende Meditation für mich niedergeschrieben und sooft es ging gelesen – laut und aus tiefstem Herzen.
Wenn sie dir zu lang ist, suche dir Teile davon heraus. Oder jeden Tag etwas anderes. Was immer dich gerade anspricht, ist in diesem Moment richtig. Wichtig ist nur, dass du fühlst, wie jedes einzelne Wort Wirklichkeit wird, wie es jetzt, in diesem Moment, reale Gestalt annimmt:

Ich bin offen und bereit, den wahren
erfüllenden Beruf in meinem Leben
jetzt zuzulassen.
Ich habe vor allem die tiefe Gewissheit, dass es
mir zusteht, den richtigen Beruf auszuüben.

Von jetzt an betrachte ich Arbeit
mit anderen Augen.
Meine Arbeit ist Ausdruck meiner
Lebensfreude und Kreativität. Durch sie
entdecke ich alle verborgenen Talente und kann
sie zum Einsatz bringen. In meinem Beruf fühle
ich mich entspannt und reich und bereichere

auch andere durch die Kraft meiner Tätigkeit.
Ich und andere erfahren Anerkennung und
Glück durch meine Tätigkeit.

Meine Arbeit wird gewünscht und gesucht.
Ich bin stark und frei genug, der richtigen
Arbeit gerecht zu werden. Ich löse mich von
allem, was diese innere Freiheit einschränken
könnte. Ich löse mich von meiner Vorstellung
des Mangels und sehe mich bereits jetzt
eingebunden in eine erfüllende Arbeit.

Durch die Kraft meiner Gedanken ziehe ich
jetzt meine idealen Geschäftspartner
und Kollegen an.
Ich habe die tiefe Gewissheit, dass die
ausgesandten Energien meines Wunsches sich
jetzt in diesem Moment manifestieren.

Alles ist auf wundervolle Art vorbereitet und
fügt sich auf perfekte Weise.
Den idealen Arbeitsplatz gibt es für mich
bereits. Meine Geschäftspartner, Kollegen und
Arbeitgeber sind jetzt in diesem Augenblick
ebenso bereit wie ich, sich auf meine
Arbeitskraft einzulassen.

Der richtige Beruf für mich ist in meinem
Leben uneingeschränkt willkommen.
Ich danke für die Erfüllung meines Wunsches.

Wie Leonore durch »Erfolgreich wünschen« in die zweite Runde einer Aufnahmeprüfung kam

Mein bisher größter Erfolg war, als es um die Aufnahme an einer Hochschule für Schauspiel ging. Nachdem ich ein halbes Jahr eine private Schauspielschule besucht hatte und die Ausbildung abbrach, begann ich, mich an Hochschulen zu bewerben. Vor diesem Schritt hatte ich besonders Angst. Man hatte mir schon so viel über die Schulen der darstellenden Künste erzählt und dass sich Hunderte von jungen Menschen dort bewerben. Ich schaffte es schließlich, mich zu überwinden und die ersten Bewerbungen an Leipzig, Rostock und Potsdam zu versenden. Also schrieb ich folgenden Satz einen guten Monat vor dem ersten Eignungstest in mein Tagebuch: »Ein Ausbildungsplatz an der Hochschule in Potsdam steht schon für mich bereit, und ich werde mit Freuden an der Schule angenommen und mit der Ausbildung beginnen.«

Das war die Version meines ersten Wunsches. Ich weiß nicht, ob ich es richtig gemacht habe, aber es hat funktioniert. Nachdem ich in Leipzig und in Rostock mit einer beinahe vernichtenden Kritik abgelehnt wurde, sollte ich drei Tage später zu meiner letzten Aufnahmeprüfung fahren. Aus Angst, wieder eine klare Absage und schlechte Kritik zu bekommen, wollte ich erst nicht gehen. Dennoch wollte ich wissen, ob mein Wunsch in Erfüllung gehen würde, denn ich hatte ihn ja mit all meinem Urvertrauen gewünscht.

Was soll ich sagen, ich fuhr mit einem gewissen Gefühl der Sicherheit hin – und schwups, war ich eine Runde weiter. Fantastisch, oder?!

Mit liebsten Grüßen

Leonore

Fragen und Antworten

Kann ich die neue Startbahn am Flughafen verhindern?

Wie wir wissen, können wir mit der Kraft unserer Gedanken nicht etwas verhindern, sondern immer nur etwas erschaffen. Denkt man zum Beispiel: »Ich will keine Startbahn«, entsteht zuerst das Bild der Startbahn und manifestiert sich.

Man könnte sich nun wünschen, dass genau dort, wo die Startbahn entstehen soll, eine wunderschöne Wiese wächst. Allerdings hat dies einen gewaltigen Haken: Soll eine Startbahn gebaut werden, haben schon viele Menschen Pläne entworfen und sind gerade dabei, ihre Gedanken, das heißt ihre Wünsche, in die Tat umzusetzen. Wenn wir nun versuchen sollten, diese Startbahn mit unseren Wünschen zu verhindern, treten wir in Widerstreit zu den Gedanken all der Macher dieser Startbahn. Wir beginnen zu kämpfen.

Dafür ist *Erfolgreich wünschen* aber nicht gedacht, denn sonst würden unsere Wünsche mit den

Wünschen anderer konkurrieren, und was dann passiert, kennen wir aus jeder guten Beziehung: Es knallt – und der Stärkere setzt sich schließlich durch. Wir haben dann nicht nur unseren Willen nicht bekommen, sondern außerdem eine richtig miese Zeit durchgemacht. Zu allem Überdruss fühlen wir uns als Verlierer.

Im Prinzip ist die Startbahn hier austauschbar mit einer Autobahn, dem neuen Hochhaus, der Müllverbrennungsanlage oder der Gartenmauer des Nachbarn. Mit *Erfolgreich wünschen* werden wir all diese Vorhaben nicht verhindern, denn mit Sicherheit gibt es bereits konkrete Gedanken von anderen, die sich gerade realisieren. Also haben die anderen meist einen gewaltigen Vorsprung.

Und dennoch können wir einiges beeinflussen. Wollen wir unsere Umwelt zum Positiven verändern, gilt es zunächst, ganz egoistisch zu sein: Wünsche dir nur etwas für dich. Was würde dein Leben verschönern, wie würde es glücklicher und zufriedener werden?
Bist du zum Beispiel Gegner einer solchen Startbahn, wünschst du dir wahrscheinlich, in einer friedlichen, wunderschönen Umgebung zu le-

ben, eingebettet in eine herrliche Natur. Dann solltest du dir genau dies wünschen. Denn damit konzentrierst du dich auf das, was du willst, und nicht auf das, was du nicht willst.

- Etwas nicht wollen, erschafft genau den Zustand, den wir nicht wollen, weil wir dem *Nichtgewünschten* Energie zuführen, indem wir immer wieder unsere Gedanken darum kreisen lassen.

Wünschen wir dagegen egoistisch die Erschaffung unseres eigenen Paradieses, werden wir bald auch andere Menschen dazu anregen, wenn sie sehen, wie gut es uns dabei geht. Sie werden sich rasch unseren Wünschen anschließen, ähnlich denken und erneut andere mit ihren Ideen anstecken. Je mehr Menschen sich die Erfüllung dieses Zustandes wünschen, desto nutzloser werden bald die ganzen Startbahnen und Müllverbrennungsanlagen, weil die meisten Menschen eine andere Welt kreieren.

**Wollen wir die Welt ändern,
müssen wir erst uns selbst ändern.**

Gegen etwas zu kämpfen, ist auf Dauer wenig sinnvoll. Zum einen führen wir dem Ungewünschten ständig Energie zu, zum anderen wird das ganze Leben ein einziger Kampf. Andere zu überzeugen, hat ebenso wenig Sinn, weil man meist auf Skepsis oder Zweifel stoßen wird, solange man nichts Besseres anzubieten hat.
Eine konkrete Affirmation könnte in diesem Fall heißen:

☆ Ich lebe in einer ruhigen und friedlichen Umgebung.

☆ Ich vertraue darauf, dass alles harmonisch und zur Zufriedenheit aller verläuft.

☆ Ich bin glücklich, und dieses Glück spiegelt sich im Außen wider.

Das einzig Sinnvolle ist, sein eigenes Leben so zu gestalten, dass man glücklich ist. Sehen andere, wie wundervoll sich unser Leben anfühlt, wird man uns zwangsläufig folgen wollen.

**Wollen wir die Welt verändern,
gilt es, Alternativen zu schaffen.**

Wir tun das am besten, indem wir anderen unsere Alternativen vorleben. Und das Beste daran ist: Während wir die Welt positiv verändern, geht es uns selbst auch richtig gut.

Kann man seinen Wunsch mit dem Zusatz »... oder besser« versehen?

Diese Frage stellt sich des Öfteren. Schließlich will man doch, dass der Wunsch so umfangreich wie möglich ausgeliefert wird, also möchte man seinen Wunsch nicht zu sehr eingrenzen. Außerdem heißt es doch immer, man solle beim Wünschen nicht bescheiden sein. Also könnte es doch ruhig noch ein bisschen besser sein.

Aber ganz ehrlich, ich halte dieses »... oder ein bisschen besser« für etwas trickreich. Denn was heißt schon »besser«? Bei einem Auto zum Beispiel: Was ist da für dich besser? Ist ein schnellerer Wagen besser oder ein größerer? Ein Sportwagen oder eine Familienkutsche? Vielleicht verbraucht der schnellere Wagen viel zu viel Sprit. Und mit der Familienkutsche findet man nie einen Parkplatz.

Oder was ist zum Beispiel bei der Jobsuche etwas besser? Vielleicht überfordert einen der etwas bessere Job, sodass man bald wieder das Handtuch wirft.

Oder beim Hauskauf: Ist hier ein Swimmingpool besser oder die wundervolle Aussicht, für die man eventuell einen wesentlich weiteren Anfahrtsweg zur Arbeit in Kauf nehmen muss?

**Denke immer daran,
das Universum kann nicht für dich denken.
Deine Vorstellung von »etwas besser«
sollte deshalb so präzise wie möglich sein.**

Ich stelle mir daher immer sehr konkret vor, was ich mir wünsche. Und wenn ich es etwas besser haben möchte, dann bessere ich meine Wunschformulierung eben nach.

Hier ein Beispiel, wie man seinen Wunsch einfach neu formuliert, wenn er nicht so eingetroffen ist, wie man es gerne gewollt hätte.

Wie sich Claudia ein Klavier gewünscht hat – und dann noch etwas dazu

Lieber Pierre,
die Geschichte ist die: Ich hatte mit dem Klavierspielen angefangen, aber das digitale Instrument machte mir schon nach zwei Monaten keinen Spaß mehr, da ich in der Musikschule auf einem richtigen Klavier mit anderem Anschlag, anderer Intonation etc. spielen kann. Also habe ich mir beim Universum ein richtiges Klavier mit Beleuchtung gewünscht. Genauso habe ich es in den Wunschkalender geschrieben.

Nach ungefähr drei Wochen rief mich ein Bekannter an. Ich hätte doch gesagt, dass ich ein Klavier suchte, und in Hameln sei eine Frau, die eines verkaufe, für nur 400 Euro.

Ich also hin – und da stand ein »richtiges Klavier« mit hohem Aufbau und extra Füßen, aus dem Jahre 1820, und mit Kerzenhaltern. Mein ausformulierter Wunsch »mit Beleuchtung« war erfüllt. Aber ich hatte ja eher an eine schicke neue Klavierlampe gedacht. Das Instrument war völlig verstimmt und kaputt, sodass ich sehr viel Geld für die Reparatur hätte ausgeben müssen. Da merkte ich, dass ich nicht ganz »richtig« gewünscht hatte: Ich hatte nur ein richtiges Klavier gewünscht, aber nicht eines, das auch in Ordnung und funktionstüchtig war.

Also habe ich mir noch mal ein richtiges Klavier gewünscht, ein schwarzes, mit elektrischer Lampe, das top in Ordnung und für mich finanzierbar war.

Kurz darauf erfahre ich, dass der Klavierbauer in Hameln umzieht und einen Sonderverkauf macht, 40 Prozent auf alle Klaviere. Ja, und seit Ende Mai steht jetzt ein gebrauchtes, aber supergutes Klavier mit Lampe, ganz in schwarzem Lack, bei mir zu Hause.

Ganz liebe Grüße
Claudia

Ich persönlich wende beim Wünschen noch einen kleinen Trick an: Ich gehe bei jedem Wunsch immer in das Gefühl, das die Lieferung meines Wunsches mir bringen soll. Ich fühle mich in dem neuen Haus glücklich und im neuen Wagen *vollkommen* zufrieden. Und bei meinem neuen Job anerkannt und kraftvoll.

Wenn das Gefühl, in das ich mich hineindenke, stimmig und wundervoll ist, gibt es vielleicht tatsächlich so etwas wie ein bisschen besser, aber es wird immer mein gewünschtes Gefühl unterstützen.

Wollen wir es also ein bisschen besser, fühlen wir uns noch ein bisschen besser in unseren Wunsch hinein – und zwar sooft es geht. Je emotionaler wir unseren Wunsch erträumen, je mehr wir bereits vorfühlen, desto wundervoller wird die Lieferung sein.

Wenn man dagegen nur sagt: »... oder etwas besser«, heißt das sehr oft, dass man sich mit seinem Wunsch nicht richtig beschäftigt hat und keine genaue Vorstellung davon besitzt. Dann wird dies aber auch die ausgesandte Energie sein. Wundere dich also nicht, wenn du die Auslieferung deines Wunsches nicht mehr wiedererkennst, weil sie so viele *bessere* Dinge beinhaltet, die du gar nicht brauchen kannst.

Was tun, wenn man etwas verlegt hat und nicht wiederfindet?

Jeder von uns kennt das: gerade noch in der Hand gehabt und ganz bewusst weggelegt – und nun ist es nicht mehr auffindbar. Meist bekunden wir dann noch lautstark: »Ich kann es nicht finden.«

Nicht selten geraten wir sogar in Panik, Wut oder Hilflosigkeit und erzählen nun allen Anwesenden immer und immer wieder: »Ich kann es nicht mehr finden. Ich habe es verloren.«
Wie wir wissen, sind das alles »Befehlssätze«, die ein Wiederfinden tatsächlich unnötig erschweren.

Wenn ich etwas verlegt habe und nicht wiederfinde, setze ich mich für einige Augenblicke ruhig hin und bitte das Universum:

☆ Ich finde es mit Leichtigkeit. Ich halte es glücklich in meinen Händen. Es ist ganz einfach und geschieht ohne Anstrengung.

Bis heute habe ich jedenfalls alles wiederbekommen. Und das Beste daran ist, dass ich mir keine Sorgen mehr darüber mache oder einen Schrecken kriege, wenn ich etwas vermisse. Im Gegenteil: Was für eine herrliche Gelegenheit, um sich seiner Gedankenkraft wieder bewusst zu werden!

Wie Brigitte durch »Erfolgreich wünschen« ihr Armband wiederfand

Lieber Pierre Franckh,
hier mein neuestes Erlebnis zum Thema »Wunscherfüllung«: Am Freitag war ich bei einem Konzert. Ich ging etwas früher nach Hause, und dort bemerkte ich, dass ich mein silbernes Filigran-Armband verloren hatte. Es war ein Geschenk meines verstorbenen Mannes zu meinem 25. Geburtstag.

Verzweifelt rief ich beim Veranstaltungsort an und bat um die Suche nach dem Armband. Nachdem ich den Hörer aufgelegt hatte, erinnerte ich mich an Ihre Hinweise, wie man wünschen sollte.

Also bat ich beim Universum um Hilfe beim Finden. Darüber hinaus wünschte ich, dass – wenn die Veranstalterin es gefunden hat – man mich sofort benachrichtigen möge.

Fünf Minuten später rief die Telefonistin vom Konzertraum an: Sie wolle mir nur sagen, dass das Armband gefunden worden sei und die Künstlermanagerin es in Verwahrung genommen habe.

Ist dies nicht wunderbar? Ich bin sehr glücklich

über die prompte Wunscherfüllung des Universums.
Herzliche Grüße
Ihre Brigitte

Kann man »Daueraufträge« erteilen?
Ja, natürlich. Nichts anderes tue ich zum Beispiel mit dem Wunsch nach Geld. Mein Dauerauftrag lautet: »Ich habe stets mehr Geld, als ich ausgebe.«
Darüber hinaus gibt es viele andere Wunschformulierungen, die dauerhaft wirken können, ohne dass man seinen Wunsch jedes Mal erneuern muss.
Hier als Beispiel ein »Dauerauftrag« von einem jungen Mann aus der Schweiz.

Wie sich Peter per »Dauerauftrag« einen Parkplatz für immer wünschte

Lieber Pierre,
»wie üblich« habe ich meine ersten Erfahrungen mit dem Bestellen von Parkplätzen gesammelt. Das hat immer wunderbar funktioniert. Täglich

fuhr ich zu meiner Arbeit in die Stadt. Bei meiner Abfahrt von zu Hause habe ich jeweils einen guten Parkplatz im Parkhaus bestellt. Der Platz musste so gelegen sein, dass mein Auto tagsüber in Sicherheit stand. Also links kein Auto – weil Wand – und rechts kein Auto in der Nähe – weil Säule. So konnte mir nie jemand einen Parkschaden verursachen. Jeden Tag also die gleiche Bestellung. Das wurde mir mit der Zeit zu aufwendig. So habe ich einfach einen Dauerauftrag aufgegeben: »Immer wenn ich zur Arbeit fahre, stellt mir das Universum einen für mich passenden Parkplatz in diesem Parkhaus bereit.«

Das funktioniert wunderbar. Das Universum sieht ja, wenn ich zu Hause wegfahre, und hat dann etwa 30 Minuten Zeit, für mich die Bestell-Auslieferung zu organisieren. Und ich muss mich nicht täglich auch noch um einen Parkplatz kümmern.

Alles Gute
Peter

Kann man sich etwas wegwünschen?

Im Prinzip ja, aber bei dieser Fragestellung wird der Fokus zunächst auf das falsche Objekt gelegt. »Ich will das Haus nicht mehr!«, lässt das ungeliebte Gebäude erst recht in unseren Gedanken erscheinen. Aber wir wollen es doch loswerden. Also sollten wir im Geist lieber etwas anderes entstehen lassen, nämlich den Zustand, den wir gerne erreichen möchten.

Will man etwas loswerden, konzentriert man sich am besten nicht darauf, wie man es sich wegwünscht, sondern wie es jemand anderen glücklich macht. Auf diese Weise ziehen wir einen zufriedenen Abnehmer in unser Leben. Das kann zum Beispiel ein betuchter Käufer sein, der auf das, was wir loswerden wollen, geradezu erpicht ist. Unser Hauptaugenmerk ist damit nicht auf das Ungeliebte, Unangenehme, also auf das, was wir loswerden wollen, ausgerichtet, sondern auf das, was wir in unser Leben ziehen wollen.

**Beim Aussenden von Wünschen
arbeiten wir immer nur mit positiver Gedankenkraft.**

Das Ideale bei einem Verkauf, das heißt einem Geschäft, ist es, wenn beide glücklich sind.
Die folgende Wunschgeschichte, die all das auf beeindruckende Weise unterstreicht, wird vor allem jene interessieren, die gerne im Internet bei eBay etwas ersteigern oder verkaufen wollen. Denn ge-

rade dort funktioniert *Erfolgreich wünschen* besonders gut. Schließlich ist das virtuelle Auktionshaus eBay nichts anderes als eine gewaltige Suchmaschine, die nach den günstigen Sachen oder den bestmöglichen Käufern sucht. Warum sich also nicht dort den besten Käufer wünschen?

Wie sich Renée für ihre Küche die optimale Lösung wünschte

Lieber Pierre,
ich wünsche schon sehr lange und habe bereits einige super Sachen damit manifestiert, aber für mich und meine Familie ist die folgende Geschichte wohl die eindrucksvollste.
Wir haben uns im Herbst letzten Jahres entschieden, aufs Land zu ziehen. Die Stadt nervte uns schon viel zu lange. Ich begann also zu wünschen. Den lieben langen Tag malte ich mir Bilder aus, wo und wie unsere neue Wohnung auf dem Land sein sollte. Da mein Mann aus dem burgenländischen Seewinkel stammt, haben wir uns auf diese Gegend eingeschossen.
Nun, ich war davon überzeugt, dass die Männer in grauer Vorzeit dafür zuständig waren, die

Wohnmöglichkeit zu suchen, daher drückte ich meinem Mann genau mit diesen Worten einen Schmatz auf die Lippen und setzte ihn vor den Computer, um im Internet eine Wohnung zu suchen.

Patsch – keine fünf Minuten später hatte er eine! Wir riefen bei der zuständigen Genossenschaft an, doch es hieß, die Wohnung sei schon weg.

Komisch, das passt nicht in meinen Plan, dachte ich mir.

Am nächsten Tag rief uns eine Dame zurück, die sich als die derzeitige Mieterin herausstellte, und wollte gerne mit uns einen Besichtigungstermin vereinbaren. Na bitte, geht doch!

Wir fuhren also ins Burgenland: Der Abend war stockfinster, und mein Mann fragte: »Und wie wissen wir, ob es diese – von dir gewünschte – Wohnung ist?«

Ich sagte: »Ganz klar, wenn ich vom Balkon den Kirchturm sehe.« Ich hatte immer in der Nähe einer Kirche gewohnt, und das war für mich bis jetzt immer das Zeichen, dass ich angekommen bin.

Schließlich wurden wir begrüßt und durch die Wohnung geführt, natürlich auch auf den Balkon. Da war sie: die Kirche – hell beleuchtet!

Mein Mann und ich grinsten nur und übernahmen am selben Tag die Wohnung.
In unserer alten Wohnung in Wien hatten wir nun eine dreimonatige Kündigungsfrist, und wir mussten alles ausräumen. Das gefiel uns weniger, weil wir in der neuen Wohnung auf dem Land bereits eine fertig eingerichtete Küche hatten. Was sollten wir nun mit unserer alten Küche machen? Da kam ich auf die Idee, es über eBay zu probieren. Wir hatten absolut keine Erfahrung damit, hatten weder mal was gekauft noch verkauft – und jetzt wollte ich eine Küche verkaufen ... Na ja, nicht nur das: Ich wollte, dass die Küche einen guten Preis erzielt, abgebaut wird und wir keine Arbeit damit haben würden. Wir waren zu der Zeit beruflich vollkommen ausgebucht und hatten keine Zeit, ständig irgendwelchen Leuten die Küche zu zeigen. Mein Mann hat nur den Kopf geschüttelt. »Du spinnst«, hat er immer gesagt und mich belächelt.
Am 23. Dezember übersiedelten wir mit Sack und Pack in die neue Wohnung und hatten in Wien nichts mehr zu tun, also auch keine Lust, den weiten Weg zu fahren, um jemanden in der Küche herumzuführen. Das musste alles ganz einfach über eBay gehen.

Es kam der Tag, an dem die Auktion vorbei sein sollte. Aber es gab bislang kein einziges Gebot, nicht mal einen Beobachter, nichts! Mein Mann und ich hatten bis dahin nie gestritten, doch nun hing der Haussegen empfindlich schief. Ich hatte jedenfalls nicht mehr viel Zeit, wenn ich mit Wünschen etwas erreichen wollte. Ich setzte mich auf die Couch, schloss die Augen und schrie im Geiste meinen Wunsch in den Kosmos: »Ich wünsche mir, dass die Küche um den für mich passenden Preis ersteigert wird und dass sie der Besitzer selbst abbaut – und zwar bitte flott!«

Na, was soll ich sagen: 18 Sekunden vor Schluss hatten wir einen super Preis erzielt, und die Küche war vom ersten und einzigen Bieter ersteigert worden! Mein Mann war sprachlos und ich zehn Zentimeter größer ... Aber damit nicht genug: Der Käufer rief uns am nächsten Tag an, und es stellte sich heraus, dass er ein Arbeitskollege meines Onkels war; er wohnte in Wien ganz in der Nähe meiner Mutter, die noch immer unseren Wohnungsschlüssel hatte. Das heißt: Wir hatten keine Arbeit! Denn meine Mutter überreichte meinem Onkel den Schlüssel, er gab ihn seinem Arbeitskollegen, und dieser baute die Küche innerhalb eines Tages ab – und putzte sogar noch den Küchenboden! Prompt überwies er uns das Geld aufs Konto und gab meinem Onkel den Schlüssel zurück. Wie wunderbar!

Seitdem weiß ich, dass sich das Universum zwar manchmal ein bisschen Zeit lässt, aber es führt alles zu unserer Zufriedenheit aus – bis ins kleinste Detail. Das Schöne daran ist, dass dieses Erlebnis weitere Kreise gezogen hat, denn nicht nur, dass mein Mann inzwischen ein Wunschbuch führt und eifrig wünscht: Auch unsere kleine Tochter mit neun Jahren ist felsenfest davon überzeugt, dass das Wünschen sowieso die einzige Möglichkeit ist, Erfolg zu haben.

Alles Liebe
Renée

Wenn es um den Verkauf von gewissen Dingen geht, seien es Waschmaschinen, Küchen, Wohnungen oder Häuser, werde ich immer wieder nach den »richtigen« Wunschformulierungen gefragt. Formulierungen gibt es genügend – »Ich erziele den besten Preis«, »Ich habe einen wundervollen Käufer, der genauso glücklich ist wie ich« usw. –, aber wesentlich besser ist es, bei solchen Wünschen etwas anderes in den Vordergrund zu setzen: Letztendlich ist es besonders wichtig, seinen Wunsch zu visualisieren. Ein Bild sagt mehr als tausend Worte.

Wenn nun eine Wohnung, ein Haus oder andere Dinge veräußert werden sollen, kann man sich am besten einen neuen glücklichen Besitzer in diesen »vier Wänden« vorstellen oder die freudige Unterzeichnung des Kaufvertrages beim Notar. Man kann sich auch in Gedanken ausmalen, wie erfreut man ist, dass sich alles zum Guten gewendet hat. Auf diese Weise erzeugen wir eine sehr positive und äußerst wirkungsvolle Wunschenergie und bringen sie in Verbindung mit den Dingen, die wir abgeben wollen und die bisher von uns eher mit negativen Gedanken behaftet wurden.

Wie Gudrun ein schwieriges Haus verkaufte

Sehr geehrter Herr Franckh,
seit dem Freitod meines Vaters ist sehr viel geschehen. Ich habe das elterliche Haus und eine sehr renovierungsbedürftige ältere Wohnung (in welcher seit 30 Jahren eine alte Dame mit 94 Jahren lebt) geerbt, und jeder sagte mir, dass es extrem schwierig sein würde, diese Objekte zu

verkaufen, zumal in der gleichen Straße mehrere, viel bessere Häuser seit Monaten leer stehen. Nun habe ich zudem teure Renovierungskosten und Steuernachzahlungen aufgebrummt bekommen und wusste nicht, woher ich das Geld nehmen sollte. Ich ertrank in Arbeit (ein Haus ausräumen – und das ganz alleine) und Schulden. Aber ich habe jeden Tag immer wieder gesagt: »Alle meine Probleme mit Haus und Wohnung sind bereits perfekt gelöst, die richtigen Käufer sind bereits da und erscheinen jetzt!« Ich wollte das Haus und die Wohnung noch in diesem Jahr so gut wie möglich verkaufen. Was glauben Sie, was geschehen ist?

In dem Haus befindet sich das Lager einer Musikalienhandlung. Die Inhaber sind eine Woche nach der Beerdigung meines Vaters (ich habe meine Formel eine Woche lang gesagt) auf mich zugekommen und haben das Haus mitsamt der Wohnung gekauft. Der Notartermin ist am Dienstag, die Übergabe einen Monat darauf.

Alle meine Probleme sind gelöst, sämtliche damit verbundenen Steuern, Auflagen, Kosten, Abrechnungen etc. trägt der Käufer. Ich habe jetzt genug Geld, um bis ans Lebensende sorgenfrei davon leben zu können. Das Universum

hat meinen Wunsch fast sofort erfüllt. Es ist wie ein Wunder!
Mit freundlichen Grüßen aus Stuttgart
Ihre Gudrun

Kann man sich Reisen wünschen?
Ein ganz dickes Ja. Und wie! Das funktioniert meist deswegen so gut, weil wir hier zum einen voller Freude und Optimismus visualisieren können und anderseits ein Urlaub nie so dringlich ist, dass sich Zweifel und Sorgen in den Vordergrund schieben könnten.
Und: Unser Verstand, der so gerne manche Wünsche torpediert, betrachtet Urlaubswünsche meist als eine Spielerei und lässt daher unsere Wunschenergie ungestört »arbeiten«.

Wie ich mir mehrere Urlaube wünschte

Vielleicht erinnern sich einige von euch an meine Geschichte, wie ich mir einen Urlaub mit einer Frau, die ich liebe, gewünscht habe ... und einen Urlaub mit meiner Mutter bekam! Zumindest traf die Bestellung damals bis ins kleinste Detail gemäß meiner Wunschformulierung ein, sodass ich anfing, damit herumzuexperimentieren. Ich wollte es von da an genauer wissen: Wenn der Wunsch so exakt eingetroffen war, wie musste ich ihn dann umformulieren?

Kurze Zeit später wünschte ich mir erneut einen fast identischen Urlaub, allerdings mit ein paar Änderungen. Die Vorgabe war: 14 Tage ans Meer, ich sollte keinen Pfennig dafür ausgeben müssen, weder für Essen noch Trinken, ich wollte zum Paragliding eingeladen werden, und natürlich sollte eine Frau an meiner Seite sein – aber diesmal sollte ich mich in die Frau verlieben. (Wer verliebt sich schon in die eigene Mutter?) Und selbstverständlich sollte sie sich auch in mich verlieben. Diesen Wunsch sandte ich aus.

Kurze Zeit später rief der Regisseur Jürgen Roland bei mir an. Nein, keine Sorge, in ihn habe ich mich nicht verliebt. Er bat mich, eine kleine Rolle in seiner Hamburger Krimiserie zu übernehmen; es seien nur wenige Drehtage, allerdings habe dies einen kleinen Haken: Die Folge werde in Ibiza gedreht und die ganze Crew fliege gemeinsam hin und erst nach zwei Wochen wieder gemeinsam zurück.

Ich hatte damit meine zwei Wochen Urlaub am

Meer. Bereits im Flieger verliebte ich mich. Das »Schicksal« hatte eine wunderschöne Frau auf meinen Nachbarplatz gesetzt, und wir verstanden uns auf Anhieb. Alle Kosten übernahm die Produktion, und an einem Drehtag musste ich in meiner Rolle tatsächlich paragliden.

Und da dies auf Anhieb so gut geklappt hatte, wünschte ich mir von da an regelmäßig Urlaube. Meine Vorgabe war immer, dass ich nur einen oder zwei Drehtage hatte, aber eine lange Zeit vor Ort verbringen konnte. Einmal habe ich mir sogar gewünscht, dass ich keinen Text lernen musste. So war ich drei Wochen nach Aussenden des Wunsches in Finnland. Es war eine stumme Rolle mit nur einem einzigen Drehtag, aber die Umstände waren so, dass ich drei Wochen in Helsinki verbringen »musste«.

Einmal glaubte ich sogar, dass mein Wunsch irgendwie schiefgelaufen sei, denn ich sollte zum Drehen nach Sylt, ebenfalls für zwei Wochen, aber ich hatte Text ohne Ende und laut Drehplan war ich fast jeden Tag dran. Nachdem der Anruf der Agentur jedoch zwei Tage nach Aussenden des Wunsches kam, nahm ich den »Urlaub« an, obwohl alles anders auszusehen schien.

Kaum waren wir am Flughafen in Sylt angelangt,

empfing uns der Regisseur Michael Braun. Er führte alle Schauspieler noch am Flughafen in einen Nebenraum und eröffnete uns, dass er das Drehbuch komplett umgeschrieben habe und dass dies gravierende Veränderungen für einige Schauspieler bedeuten würde. Meine Rolle zum Beispiel war bis zur Unkenntlichkeit zusammengestrichen worden; ich hatte nur noch einen einzigen Drehtag. Michael Braun sagte, er habe vollstes Verständnis dafür, wenn ich gleich wieder zurückfliegen würde, und natürlich bekäme ich, wie im Vertrag vereinbart, die volle Gage. Ich weiß noch, wie erstaunt er war, als ich über beide Ohren grinste, mich bedankte und voller Freude blieb.

Aber nicht nur mir geht es so. Hier noch ein Beispiel, wie wundervoll leicht es sein kann, sich eine Reise zu wünschen.

Wie sich Marion eine Reise für die Oma wünschte

Lieber Pierre,
an ein Gewinnspiel kann ich mich noch besonders gut erinnern. Meine Oma meckerte, dass ihre

Freundin von ihren Enkeln eine Reise geschenkt bekam und wir ihr nie so was Tolles schenken würden. Mein Bruder und ich verdienten nur sehr wenig (Schüler, Azubi) und ärgerten uns richtig, dass sie so etwas von uns verlangte, wo wir doch selbst wenig Geld hatten. Ich sagte ihr einfach: »Ich gewinne dir eine Reise, damit du Ruhe gibst.« Ich wünschte mir also, eine Reise zu gewinnen.

Ich hatte meinen Wunsch schon ganz vergessen, da flatterte kurz vor ihrem Geburtstag ein Schreiben mit einer gewonnenen Italienreise in meinen Briefkasten. Ich schenkte ihr die Reise, und sie freute sich.

Viele liebe Grüße
Ihre Marion

Wenn man sich mehrere Sachen gleichzeitig wünscht, in welcher Reihenfolge treffen sie dann ein?

Die Frage hört sich zunächst amüsant an, besitzt aber bei genauerer Beleuchtung einen durchaus ernst zu nehmenden Charakter. Denn manchmal kann die Reihenfolge von großer Bedeutung sein. Eine Frau berichtete mir zum Beispiel auf einem meiner Vorträge, sie habe sich einen Mann und ein Kind gewünscht. Das Kind hat sie nun, den Mann sucht sie noch. Eigentlich hatte sie zuerst den Mann gewollt und dann mit ihm gemeinsam ein Kind.

Ein anderer Mann erzählte, er habe zuerst den Internetanschluss geschenkt bekommen, und zwar lange, bevor der neue Computer eintraf.

Eine junge Frau bekam wiederum zuerst den Wagen geschenkt und dann erst den Führerschein.

Jemand anderes erhielt zuerst die Garage und danach den Motorroller.

Die Reihenfolge kann eben durchaus von Bedeutung sein. Für all jene, bei denen eine falsche Reihenfolge der Lieferungen für Probleme gesorgt hat, gibt es wenigstens einen Trost: Man weiß zumindest, dass das Wünschen funktioniert und dass »da oben« bereits hart an der Ausführung gearbeitet wird.

Nun entsteht die Frage: Kann man die Reihenfolge beeinflussen?

Ja und nein.

Meiner Erfahrung nach treffen die Lieferungen immer in der Reihenfolge ein, in der gerade etwas zur Verfügung steht. Sie erfüllen sich demnach nicht mit der Dringlichkeit, die wir den Wünschen mit auf den Weg geben, sondern in der Reihenfolge, wie die Energie gerade am leichtesten fließt. Deswegen gebe ich inzwischen bei Wünschen, die sich gegenseitig bedingen, auch keine Einzelbestellungen mehr ab, sondern visualisiere immer das Gesamtbild mit der entsprechenden Emotion.

Wünscht man sich ein Kind und einen Mann dazu, würde ich mir immer das Bild einer harmonischen Familie vorstellen und dies als Wunschenergie benutzen.

Liebäugelt man mit einem Motorroller und dem passenden Unterstand, fährt man am besten gedanklich mit dem schicken Zweirad überglücklich in seine eigene Garage.

Also ja, man kann bei mehreren gleichzeitigen Wünschen durchaus etwas beeinflussen, indem man quasi Pakete schnürt. Dennoch kann es zu zeitlichen Verwirrungen kommen: Der Wunsch wird eher als Gesamtpaket betrachtet, der meist relativ zeitgleich in Erfüllung geht.

Allerdings kommt es vor, dass die Wünsche auf unserer Wunschliste, obwohl sie scheinbar nicht miteinander zusammenhängen, gar nicht einzeln, sondern gesammelt – sozusagen als Powerpack – eintreffen.

Welche verrückten Wege sich das Schicksal dafür

manchmal aussucht und welch scheinbare Unbequemlichkeiten man zuweilen dafür in Kauf nehmen muss, kann die folgende Geschichte illustrieren. Sie macht außerdem auf eindrucksvolle Weise deutlich, dass so manche Situationen, die wir zunächst als Pech oder als Unglück bewerten, sehr oft nur deshalb entstehen, damit unsere Wünsche schnellstmöglich erfüllt werden.

Wie eine Familie mehrere Wünsche zur gleichen Zeit erfüllt bekam

Lieber Pierre,
meine Tochter ist mit der Wunschtechnik inzwischen vertraut, meinem Mann ist das Ganze nicht ganz geheuer. Er kann zwar unsere Erfolge beobachten, ist aber immer noch skeptisch. Aber nun zur Geschichte:
Meine Tochter: 8 Jahre alt. Ihr Wunsch seit über einem Jahr: ganz bestimmte Rollschuhe, nämlich Turnschuhe mit integrierten aus- und wieder einklappbaren Rollen – zum Gehen und zum Fahren. Die sah sie letztes Jahr bei einem Mädchen in ihrer Schule und seitdem hing sie mir immer wieder mit diesem Wunsch in den Ohren.

Mein Mann: verspielt, wie die meisten Männer nun mal sind, wünschte sich seit ein paar Jahren einen flugfähigen, ferngesteuerten Modellhubschrauber.

Mein Wunsch: Nun, wir saßen im Flieger Richtung Malediven, ich blätterte im Inflight-Magazin und dachte mir: Ach, so ein Stopover in Doha wäre eine tolle Sache; ein oder zwei Nächte lang, mal ein bisschen herumgucken, den Luxus dort sehen ... Aber dafür war es zu spät, das hätten wir vor dem Urlaub bei der Buchung mitbuchen müssen. Na, was soll's ... Und so ließ ich meinen Gedanken wieder los.

Der Tag der Rückreise war angebrochen. Unser Flugzeug kam aufgrund eines Wirbelsturms über dem Arabischen Meer mit Verspätung in Male an, und wir flogen mit einem großen Umweg über Indien, Pakistan usw. auch nach Doha, da der Wirbelsturm immer noch wütete. Und dann hatten wir den Schlamassel: Wir landeten mit drei Stunden Verspätung in Doha und unser Anschlussflug nach Frankfurt war weg! Mein Mann nörgelte dauernd herum, die anderen Fluggäste schimpften zum Teil recht lautstark. Ich blieb relativ ruhig und sagte zu meinem Mann: »Wer weiß, wofür es gut ist«, und habe die Situation angenommen.

Einen Moment des Schreckens hatte ich aber trotzdem, als uns die Dame am Schalter sagte, dass der nächste Flug erst am nächsten Morgen um 8.20 Uhr nach Frankfurt gehe. Während Sekundenbruchteilen sah ich uns in der Flughafenhalle die Nacht am Boden kampierend verbringen. Ich fing mich aber sehr schnell wieder, als man uns sagte, wir würden mit einem Shuttlebus abgeholt und in ein Hotel in Doha gebracht. Die Airline bezahle Unterkunft und Verpflegung – und das, obwohl sie dazu nicht einmal verpflichtet gewesen wäre, da die Verspätung ja wetterbedingt war.

Wow!, dachte ich mir, mein Stopover-Wunsch – und dann noch kostenlos!

Das Zimmer war ein Traum, mit allem Luxus, den man sich nur vorstellen konnte. Herrlich! Ich genoss es und war unendlich dankbar.

Mein Mann wollte – mit dem Hubschrauber als Hintergedanken – ein Einkaufszentrum besuchen. Was für ein Zufall, dass sich eines in Fünf-Minuten-Gehweite befand, auch noch das siebtgrößte der Welt! Sogar mit Eislaufbahn mittendrin. Es war ein lustiger Anblick, bei 40 Grad im Schatten draußen nun hier im Gebäude eislaufende Araber zu sehen. Mein Mann steuerte zielsicher die Spielwarenabteilung an, und wir fanden die kleinen Hubschrauber sofort. Sein Wunsch ging in Erfüllung, und ich hatte einen sehr glücklichen Mann.

Als wir so vor dem Regal standen, stieß ich mit der Hüfte gegen einen Einkaufswagen, der hinter mir stand und den ich vorher nicht gesehen hatte. Ich wollte ihn daraufhin etwas zur Seite schieben, als ich bemerkte, womit er randvoll gefüllt war: mit den sehnlichst gewünschten Rollschuhen meiner Tochter! Ich wusste in diesem Moment nicht, ob ich lachen oder vor Rührung weinen sollte, und sagte zu meiner Tochter, die mit dem Rücken zu mir stand: »Mein Schatz, du musst mir versprechen, dass du nicht gleich ausflippst, wenn du dich umdrehst, okay? Ich hab da was Tolles gefunden.«

Sie drehte sich um und bekam riesengroße, glänzende Augen.

Die wenigen Stunden Aufenthalt in Doha waren für uns drei ein richtiges Fest. Wir waren alle glücklich. Jeder hatte seinen Wunsch erfüllt bekommen. Nach dem Urlaub erzählten wir dann nur: »Ja, ja, auf den Malediven war alles superschön, aber der Hammer kam beim Rückflug«, und wir berichteten allen die Doha-Geschichte in sämtlichen Details.

Man sollte sich wirklich nicht vorschnell über eine vermeintlich »schlechte« Situation aufregen: Es können in so einer Situation tolle Geschenke auf einen warten, wenn man die Augen aufmacht und die Lieferung auch wahrnimmt.

Liebe Grüße
Christine

Können sich Wünsche sofort erfüllen?
Oh ja, dies geschieht sogar sehr oft. Zeit ist relativ und spielt sich ausschließlich in unseren Köpfen ab. Wie lange die Erfüllung eines Wunsches dauert, hängt einzig und allein davon ab, was wir glauben, wie lange sie dauert.

Tatsächlich geschieht alles um uns herum immer nur nach unserem Glauben. Unsere Gedankenkraft erzeugt schließlich die Energie, die Dinge entstehen lässt. Also, woran glaubst du? Wie lange muss deiner Meinung nach die Erfüllung eines Wunsches dauern? Und welche Wünsche brauchen länger?

Kleine Wünsche erfüllen sich deswegen oft schneller, weil wir glauben, dass große Wünsche dem Universum enorme Arbeit abverlangen. Dies ist aber nur ein Konzept, eine Vorstellung. Und genau nach dieser Vorstellung richtet sich die Geschwindigkeit, mit der sich unsere Wünsche erfüllen. Andre Heller sagte einmal: »Die wahren Abenteuer sind in deinem Kopf. Und sind sie nicht in deinem Kopf, dann sind sie nirgendwo.« Warum? Weil wir sie dann auch nicht außen entstehen lassen können.
Also, wie schnell darf die Erfüllung deiner Wünsche sein?

Wie es bei Doris ganz besonders schnell ging

Lieber Herr Franckh,
ich war gestern in Köln bei Ihrem Vortrag und habe Ihnen aufmerksam zugehört. Und heute bekomme ich ein Auto geschenkt und zusätzlich einen Urlaub. Unglaublich!
Es grüßt Sie ganz freudig
Doris

Wie Josie innerhalb einer Woche ihren Traummann fand

Lieber Pierre Franckh,
ich wollte mich bei Ihnen bedanken. Ich habe, nachdem ich Ihre Bücher alle gelesen hatte, meinen Seelenverwandten/Traummann bestellt, und nach einer Woche saß er neben mir in meiner Lieblingskneipe. Es war unglaublich. Er hat alles, was ich mir so gewünscht habe, und die Liste war lang!
Vielen Dank!
Josie

Wie sich Eva eine Mitfahrgelegenheit wünschte – und zwar sofort

Ein ganz besonderes Glücksgefühl empfand ich, als sich eine Bestellung von mir wirklich in Sekunden erfüllte.
Im Dezember habe ich mir den großen Zeh gebrochen und bekam eine Gipsschiene. Einen Stiefel konnte ich nicht mehr anziehen, sondern nur eine Sandale, deren vorderen Riemen ich mit einem Kräuselband zusammenbinden musste.

Mein Mann bekam nun kurz vor Silvester eine schwere Grippe, deshalb bin ich um 23 Uhr zur Notdienstapotheke gegangen, um ein Grippemedikament zu holen. Zu der Apotheke, die in dieser Nacht Dienst hatte, brauchte ich ca. eine halbe Stunde. Ich holte das Medikament und machte mich auf den Heimweg.

Nachdem ich ungefähr zehn Minuten gegangen war, tat mir mein Zeh sehr weh und mit der Sandale habe ich ziemlich gefroren. Da sagte ich laut vor mich hin: »Ach, schickt mir doch einen Engel, der mich nach Hause bringt!« Das war an einer Ampel, und eine Autofahrerin musste wegen Rot anhalten. Auf der anderen Seite fuhren drei junge Leute mit ihren Mofas. Die Autofahrerin hupte, aber ich dachte, sie warne die Mofafahrer, da diese ein bisschen unvorsichtig gefahren waren, und ging weiter. Die Ampel schaltete auf Grün, die Autofahrerin fuhr los – und hielt direkt neben mir an. Sie machte das Fenster auf und fragte mich, ob sie mich nach Hause fahren könne. Das war Sekunden, nachdem ich den Wunsch nachts, alleine unterwegs, laut ausgesprochen hatte.

Liebe Grüße
Eva

Wie sich Andrea eine neue Wohnung wünschte und innerhalb einer Woche bekam

Lieber Pierre,
ich musste eineinhalb Jahre in zwei engen kleinen Zimmern bei meiner Mutter verbringen (und das mit 40 Jahren!), weil ich meine gesamte Existenz verloren hatte. Es war unmöglich, etwas Neues zu finden, da ich kein Geld hatte. Ich wünschte mir also ganz genau, wie die neue Wohnung aussehen sollte, wie groß, mit Garten, ohne Ablöse und logischerweise ohne Makler und am besten zehn Minuten von der nächsten Schule entfernt.
Ich kaufte mir ein Annoncenblatt und fand nichts. Am nächsten Tag starrte ich ständig die Zeitung an, die ich doch schon zuvor von A bis Z durchforstet hatte. Ich schlug eine Seite auf – und tatsächlich! Ich hatte etwas übersehen. Ganz klein gedruckt stand da ein Angebot.
Innerhalb von nur einer Woche wohnte ich in meiner neuen Wohnung, die drei Zimmer und einen Garten hat, zehn Minuten von der Schule entfernt ist, und das alles ohne Ablöse und ohne Makler. Die Wohnung besitzt sogar das, was ich mir so »nebenbei« gewünscht habe: eine vollständige Küche mit Herd und ein neues Bad. So-

gar die Miete stimmt auf den Cent genau! Oh ja, das war rundum schön.
Ganz liebe Grüße
Andrea

Wie Ingrid in letzter Sekunde aus »heiterem Himmel« einen Gutschein geschenkt bekam

Lieber Pierre Franckh,
am vergangenen Samstag wollte ich meine langjährige Freundin besuchen. Also machte ich mich mit insgesamt 15 Euro, dem alten Mercedes und ein wenig Benzin im Tank auf den Weg. Ich war voller Gedanken und fuhr prompt an einer Abzweigung vorbei. Panisch kam mir der Gedanke, dass nun – durch den Umweg über die nächstgelegene Stadt – das Benzin und die 15 Euro nicht reichen könnten, um das Ziel und abends mein Zuhause wieder zu erreichen. Dieser Panikanfall war kurz und wurde durch eine fast irrsinnige Ruhe abgelöst, die mich wissen ließ, dass sich alles schon richten würde.
In Itzehoe angekommen, verfuhr ich mich erneut und gelangte so zu einer Tankstelle, an der ich noch nie getankt hatte. Ich hielt den Wagen vor

einer Tanksäule hinter einem dicken, neuen und sehr schicken BMW (mit einem weniger schicken, dafür aber sehr netten Mann). Kaum war ich ausgestiegen, kam dieser besagte Herr ziemlich wütend auf mich zu, reichte mir kurzerhand einen Tankgutschein in Höhe von 25 Euro und meinte, er habe vergessen, ihn einzureichen, und im Nachhinein sei die »bekloppte Tussi an der Kasse« nicht mehr in der Lage, den Gutschein anzunehmen. Er habe keine Lust mehr, sich »abzusabbeln«, ich könne ja mein Glück versuchen. Sprach's und stieg in seinen Wagen, bevor ich noch fragen konnte, was er dafür bekomme (dass es höchstens 15 Euro sein könnten, brauchte er ja nicht zu wissen). Nun war es halt ein Geschenk! Ich ging, bevor ich tankte, in die Tankstelle und fragte, ob der Gutschein noch gültig sei. Er war es! Nun hatte ich insgesamt 40 Euro zum Tanken, genügend, um sicher zu meiner Freundin zu gelangen und wieder heimzukehren. Das Universum hatte mich also »fehlgelenkt«, um mir zu helfen. Danke!
Liebe Grüße
Ihre Ingrid

Wir müssen uns nicht immer die ganz großen Dinge wünschen

Langsam schließt sich der Kreis. Wir haben von vielen erstaunlichen Wundern gehört, die man allein durch die eigene Gedankenkraft in seinem Leben entstehen lassen kann. Dennoch sollten wir uns immer wieder in Erinnerung rufen, dass *Erfolgreich wünschen* nicht nur für die großen Ausnahmefälle oder Notsituationen beansprucht werden kann.

Wenn wir uns angewöhnen, täglich mehrere kleine Wünsche auszusenden, wird unser Leben nicht nur leichter und schöner, wir nehmen unser Leben überhaupt wieder selbst in die Hand. Wir verlassen die Welt des Opfers, der Zufälle und Abhängigkeiten und werden zum Schöpfer unseres Lebens. Ich kann nicht oft genug betonen, wie beglückend es ist, wenn man entdeckt, dass man sein Leben selbst bestimmen kann – ganz gleich, ob es sich um Theaterkarten, eine Zudecke, eine Wohnung, einen Computer, ein schönes Erlebnis oder um Hilfe jeglicher Art handelt.

**Wir bestimmen selbst,
wie unser Leben aussieht.**

Es gibt einen wundervollen Nebeneffekt: Das Schöne an all diesen kleinen Wünschen ist, dass wir uns wieder mit dem Leben und mit den anderen Menschen verbinden. Wir müssen uns nicht länger alleine abstrampeln. Plötzlich wird uns von allen Seiten Hilfe zuteil, weil viele Menschen glücklich sind, wenn sie anderen helfen können. Meist können sie ihre Hilfe aber niemandem anbieten, da sie nicht wissen, bei wem sie anklopfen sollen. Alle diese Menschen laden wir in unser Leben ein, uns hilfreich zu unterstützen.

Gleichzeitig trainieren wir mit diesen Alltagswünschen unsere eigene Gedankenkraft. Je öfter, je mehr und je erfolgreicher wir wünschen, umso leichter und schneller gelingen uns sogar die großen Wünsche.

Um dich auf Ideen zu bringen, wann, wo und wie man *Erfolgreich wünschen* anwenden kann, hier ein paar Geschichten, die zeigen, wie für uns alle das Leben angenehmer wird.

Wie sich Peter eine Kamelhaardecke wünschte

Viele Jahre habe ich von einer exklusiven Kamelhaar-Bettdecke geträumt. Sie sind jedoch relativ teuer, was mich immer von einer Anschaffung abhielt. Eines Tages habe ich bei einer Meinungsumfrage meines Bettlieferanten mitgemacht, die mit einem Wettbewerb verbunden war. 1. Preis: Decke nach Wahl, 2. Preis: Kopfkissen nach Wahl, 3. Preis: weiß nicht mehr. Als ich den Umfragebogen zurückschickte, lautete meine innerlich formulierte Bestellung: »Ich habe eine Kamelhaardecke.«

Etwa zwei Monate später – an die Bestellung habe ich keine Sekunde mehr gedacht – lag an meinem Geburtstag (!) ein Brief in meinem Briefkasten: »Herzliche Gratulation, Sie haben den 1. Preis gewonnen!« So ging ich glücklich zu meinem Bettlieferanten, um meine lang ersehnte Kamelhaardecke abzuholen. Weil ich ihm in der Zwischenzeit einen neuen Kunden vermittelt hatte, bekam ich obendrein ein Kopfkissen geschenkt. Plötzlich hatte ich den 1. und den 2. Preis gewonnen! Glücklich zog ich wieder von dannen.

Alles Gute
Peter

Wie sich Petra in der Warteschlange nach vorne wünschte

Es war einer dieser typischen Samstage: Morgens schnell zum Supermarkt, damit der Kühlschrank für sämtliche Eventualitäten gefüllt ist, daheim etwas Ordnung machen und dann noch kurz mit dem Auto durch die Waschanlage fahren. Da das bekanntlich auch viele andere Autobesitzer am Samstag vorhaben und ich überhaupt keine Lust hatte, eine Stunde dort zu warten, wünschte ich mir einfach kurz vorher, dass bitte nur ein Auto vor mir in der Waschanlagenschlange stehen sollte.

Leider schien der Wunsch nicht richtig zu funktionieren, denn prompt standen zwei Autos vor mir. Das erste fuhr nach ein paar Minuten in die inzwischen frei gewordene Waschanlage, und ich vertiefte mich, etwas enttäuscht von der Nichterfüllung meines Wunsches, in meine Zeitschrift.

Kurze Zeit später fiel mir jedoch auf, dass der Autofahrer vor mir hektisch sein halbes Auto ausräumte (als kleine Anmerkung: Das Auto sah wirklich so aus, als ob der Besitzer auch zeitweise darin wohnen würde). Automatten, Kartons, Zeitschriften, Besen, Putzlappen, Kindersitze ..., alles verteilte sich rund um das Auto. Okay, bitte, warum nicht, dachte ich, aber hoffentlich bekommt er das auch alles wieder rechtzeitig eingeräumt, bis das Auto vor ihm fertig ist.

Wieder ein paar Minuten später klopfte es an mein Seitenfenster, und ein Mann mit wirrem, aber durchaus freundlichem Gesicht meinte, ich solle ruhig vor ihm in die Waschanlage fahren, denn er finde sein Ticket nicht mehr. Gesagt, getan. Aber irgendwie hatte ich ein bisschen ein schlechtes Gewissen, denn der arme Kerl fuhr später mit einem ungewaschenen Auto davon, doch mein Wunsch hatte sich tatsächlich erfüllt.

Ganz herzliche Grüße
Petra

Wie sich Friedericke für eine ausverkaufte Vorstellung eine Eintrittskarte wünschte

Lieber Pierre,
ich war in Wien bei Verwandten zu Besuch und wollte gerne, wenn ich schon mal hier war, ins Volkstheater gehen. Man sagte mir aber, da müsse man schon lange vorher Karten bestellen.
Nun, ich kleidete mich am Abend zum Thea-

terbesuch um, nahm die S-Bahn und fuhr zum Volkstheater. Wie selbstverständlich – ich muss heute noch lachen, wenn ich daran denke, denn ich war zuvor nie alleine im Theater und schon gar nicht in einer fremden Stadt – ging ich zur Kasse. Dort standen viele Menschen, die ebenfalls eine Karte erhaschen wollten. Ich aber war davon überzeugt, dass ich irgendwie eine ergattern würde.

Und kurz vor Einlass kam ein junger Herr aus Großbritannien auf mich zu und fragte, ob ich noch eine Karte haben möchte, denn er habe eine zu viel. Er hatte schon im April eine Karte bestellt, doch man schickte ihm gleich zwei.

So hatte ich meine Eintrittskarte erhalten und dazu noch einen wunderbaren Platz auf dem Balkon. Meine Verwandten konnten es anderntags nicht glauben, dass ich tatsächlich im Volkstheater war. Es hatte doch funktioniert, mein Wünschen.

Ihre Friedericke

Wie sich Sonja eine Wohnung im Grünen wünschte – aber bitte schnell

Ich musste aus persönlichen Gründen nach einer Trennung schnell umziehen. Ich hing sehr an meiner damaligen Wohnung und litt unter der Vorstellung, woandershin zu müssen. Mehrere Freundinnen bereiteten mich darauf vor, dass ich mit einer langen Suche rechnen solle, unzähligen Besichtigungen, um letztendlich doch Abstriche bei meinen Ansprüchen zu machen. (Eine Freundin hatte sich über fünfzig Wohnungen angesehen!) Ich sah das nicht ein. Ich sagte mir: »Ich finde schnell eine schöne große Wohnung im Grünen, in der ich mich sofort wohlfühle.«

Zwei Tage später rief frühmorgens meine Freundin an und sagte, sie gebe mir jetzt eine Rufnummer und ich solle sofort da anrufen. Ein sehr gutes Angebot in einer der schönsten Straßen unserer Stadt direkt am Park. Am gleichen Tag sah ich mir die Wohnung an und war verzaubert. Alles stimmte. Der Vermieter hatte die Wahl unter einigen Interessierten, die die Wohnung sofort mieten wollten. Ich schrieb einen schönen Brief und rief ihn drei Tage später an, weil ich vergessen

hatte, zu fragen, wie lang er für seine Entscheidung brauche. Er sagte wortwörtlich: »Sie machen es mir leicht. Sie haben die Wohnung!«
Ich war glücklich und fast sprachlos vor Freude. Ein Hindernis bestand noch: Der Vormieter zog erst Ende Juli aus, sodass ich die Wohnung erst im August beziehen konnte; ich wollte und musste aber Anfang Juni hinein. Eine Woche später rief er an – es war der 7. April, mein Geburtstag, und sagte, dass er nun doch schon früher ausziehe: Ich könne am 4. Juni einziehen!
Alles Liebe, Sonja

Wie sich Gerlind extrem günstige Praxisräume wünschte

Ich wollte mich als Psychologische Beraterin niederlassen und bekam nie Räume, die ich mir auch nur annähernd hätte leisten können. Also wünschte ich mir einen bezahlbaren Praxisraum. Und ich bekam ihn auch, durch ganz witzige Umstände: Ich hatte einen Termin bei den Existenzgründern, musste noch eine Weile warten, blätterte in einer dort ausliegenden Broschüre und las, dass hier im Haus Büroflächen ab 1 Euro

pro Quadratmeter zu vermieten seien. Ich fragte sofort nach und bekam das letzte Büro, 25 Quadratmeter für 76 Euro im Monat, warm und inklusive aller Nebenkosten. Ich habe es mir hier sehr gemütlich gemacht und auch schon erste Klienten gehabt.
Vielen Dank und liebe Grüße
Gerlind

Oft liegt der Ursprung für »kleine große« Herzenswünsche auch lange zurück, wie die nächste Geschichte zeigt:

Wie sich Eva eine »zweite Chance« wünschte und sie auch bekam

Hallo Pierre,
ich bin jetzt Mitte 40. Als ich elf Jahre alt war, habe ich im Garten ein Amselbaby gefunden. Ich wollte es aufziehen, aber wusste nicht so recht, was das Vögelchen frisst, und meine Eltern wussten es auch nicht. Ahnungslos haben wir es mit Brot gefüttert. Nach zwei oder drei Tagen ist es gestorben. Ich war sehr traurig. Ungefähr zwei Wochen später lernten wir in der Schule, dass man kleine Vögel nicht mit Brot füttern darf, weil

das Brot im Magen aufquillt und die Vögel daran sterben.

Nachdem ich das erfahren hatte, habe ich mich auch noch schuldig gefühlt. Bis heute war da so ein ungutes Gefühl, sobald ich an den kleinen Vogel dachte. Er bekam ein Grab in unserem Garten.

Ich habe mir immer gewünscht, eine zweite Chance zu bekommen und dann alles richtig zu machen. Diese zweite Chance kam vor ein paar Wochen, als meine Tochter ein Amselbaby auf der Straße fand. Es hatte viele Stellen ohne Federn, und die Flügel selbst waren noch nicht richtig ausgebildet. Ich habe es mit Regenwürmern, Katzenfutter und Hackfleisch gefüttert. Jetzt hatte ich ganz andere Möglichkeiten, mich über die Bedürfnisse eines Amselbabys zu informieren: Internet und Zoogeschäft. Es lebte in einem Käfig in meinem Schlafzimmer, damit es vor unseren Katzen sicher war. Immer morgens um 5.30 Uhr hat mich Suko, das Amselküken, geweckt. Ich habe auch selbst im Garten nach Regenwürmern gegraben und Suko beim Fliegenlernen unterstützt.

Nach zwei Wochen fühlte ich, dass es jetzt an der Zeit war, ihn freizulassen. Er ist von meiner Ter-

rasse weggeflogen, und ich war endlich frei von diesen uralten Schuldgefühlen, weil ich diesmal alles richtig gemacht habe.
Liebe Grüße
Eva

Wie sich Ute die perfekte Konfirmationsfeier für ihr Kind wünschte

Lieber Pierre,
alles fing damit an, dass wir in einem Vortrag von Dir waren und zum ersten Mal mit *Erfolgreich wünschen* in Berührung kamen.
Am nächsten Morgen fuhren mein Mann, meine Tochter und ich zu einem Bauernhof, den wir schon ein Jahr zuvor für die anstehende Konfirmation unserer Tochter Natja reserviert hatten. Wir wählten diesen Ort, da wir viele Kinder in der Verwandtschaft haben und es auf diesem Bauernhof neben einem tollen Essen auch Spielmöglichkeiten gab. Bis zur Konfirmation waren es nur noch zwei Wochen und wir wollten an diesem Freitag für unsere 26 Gäste das Menü auswählen.
An diesem Nachmittag erfuhren wir, dass die Be-

sitzerin den Hof zusätzlich an eine andere Festgesellschaft mit vielen Kindern vermietet hatte. Wir waren alle sehr enttäuscht und wütend, da wir so kurzfristig vor vollendete Tatsachen gestellt wurden. Eigentlich sollte der Hof mit den Schaukeln und Fahrzeugen für diesen Tag uns und unseren Verwandten alleine gehören.

Wir wählten dann doch das Essen aus und fuhren nach Hause. Unter diesen Umständen wollten wir den Hof eigentlich nicht haben, aber was sollten wir tun? In zwei Wochen war doch schon die Konfirmation!

In dieser Nacht bat ich das Universum um Hilfe. Es sollte mir ein Zeichen geben.

Mitten in der Nacht erwachte ich und konnte mich genau an meinen Traum erinnern, und plötzlich wusste ich, was zu tun war. Mir war klar geworden, dass wir den Hof absagen mussten.

Etwas Neues kann nur in unser Leben treten, wenn zuerst das Alte abgeschnitten wird, dachte ich und erinnerte mich dabei an Deine Worte. Also schrieb ich morgens um 4 Uhr die Absage-Mail und legte mich schlafen.

Am anderen Tag erklärte ich meiner Tochter und meinem Mann, dass wir uns einfach einen neuen Bauernhof für die Konfirmation wünschen müssen und dass ein ganz toller Hof auf uns wartet, denn das Universum macht einem nur einen Strich durch die Rechnung, wenn schon etwas Besseres bereitsteht. Alle diese Weisheiten hatte ich am Tag zuvor von Dir, lieber Pierre, gehört, und nun sollte es sich zeigen, ob Du recht hast.

Du hast uns zwar vorgeschlagen, mit kleinen Wünschen zu beginnen, aber anscheinend war ich im *Erfolgreich wünschen* schon bei den Fortgeschrittenen, sonst hätte das Universum mich doch nicht gleich bei meinem ersten Wunsch vor so eine große Aufgabe gestellt. Mit diesem Gedanken munterte ich mich selbst auf. Deine Weisheiten an meine Familie weiterzugeben, gelang mir ganz einfach, jedoch war es für mich schwerer, sie auch selbst zu glauben. Doch ich setzte mich gleich am Morgen mit meinem Mann hin, und wir formulierten unsere Wünsche hinsichtlich der Konfirmation und schrieben sie sofort in mein Wünschebuch.

Einen Tag später fuhr ich zu einem Seminar, gemeinsam mit einer Kollegin, und während der Autofahrt erzählte ich von unserem Erlebnis mit dem Bauernhof. Darauf sagte sie zu mir: »Ute, ich weiß, dieser Hof ist ganz nah!« Und auf einmal wusste ich, welchen Hof sie meinte, denn es gab bei uns in der Nähe einen Reiterhof, auf dem man Kindergeburtstagsfeiern anbot.

Natürlich nahm ich schnellstens Kontakt mit der Besitzerin dieses Hofs auf, doch sie wollte mir eigentlich absagen. Allerdings war ich mir innerlich so sicher, dass wir genau auf diesem Reiterhof unsere Konfirmation feiern würden, dass ich sie schließlich überzeugen konnte.

Und was soll ich sagen, es wurde ein wunderschönes Fest. Zum Abschluss sagte meine Tochter zu mir: »Mama, hier war es viel schöner als auf dem anderen Hof!«

Dies war mein Einstieg ins Erfolgreich wünschen, und seitdem ist mein Leben aufregender und lebendiger.

Viele liebe Grüße und weiterhin so viel Erfolg!
Ute

Manches kann auch schiefgehen

Wenn man viel und oft wünscht, geht auch so manches schief. Meist liegt das an der Formulierung. Aber leider weiß man das erst hinterher. Hier ein eher belustigendes Beispiel vom ungenauen Wünschen.

Wie ich mir ein Treffen mit Genscher wünschte

Als ich noch etwas jünger war, gab es eine Zeit, in der die beiden Politiker Brandt und Genscher maßgebend für die deutsche Friedenspolitik waren. Und ich war begeistert von ihnen.
Ich wünschte mir nun, dass ich einen von beiden kennenlernen würde: Wir würden uns die Hand schütteln – das war für mich das Zeichen von Verbundenheit – und uns unterhalten, und er würde meinen Worten lauschen. Ich malte mir aus, wie dies geschehen würde, und überlegte mir, was ich, wenn es tatsächlich stattfinden würde,

am liebsten hätte: ein Foto für die Ewigkeit. Damit ich allen beweisen konnte, was für ein toller Hecht ich war. Also visualisierte ich mir so ein Foto. Ich sah es bildlich vor mir, es stand bereits auf meinem Schreibtisch: Genscher schüttelte mir die Hand, hatte ein freundliches Gesicht und lachte über einen Witz von mir.

Nachdem dies ein missglückter Wunsch ist, kann man wohl schon erraten, was eingetroffen ist: Zwei Monate später, an meinem Geburtstag, bekam ich dieses Foto. Ein Freund von mir wusste um meine Vorliebe für die beiden Politiker und hatte eine Fotomontage gebastelt, sodass ich ein Foto von Genscher und mir auf meinen Schreibtisch stellen konnte, ohne den geschätzten Politiker jemals getroffen zu haben.

Jahre später habe ich ihn wirklich getroffen. Es war in der Nähe von Bonn, er war im Theater, lauschte zwei Stunden meinen Worten auf der Bühne – hatte ich mir nicht gewünscht, dass er mir zuhören würde, was ich zu sagen hatte? Ja, und nach der Vorstellung schüttelten wir uns die Hände. Nur war diesmal kein Fotograf in der Nähe.

Wie Birgit das gewünschte Geld, aber nicht die Lösung des Problems erfüllt bekam

Lieber Pierre Franckh,
mein Mann und ich wollten ein neues Auto kaufen. Es war alles in die Wege geleitet; wir warteten nur noch darauf, dass das Geld von der Bank auf unser Konto wandern sollte, denn wir wollten in bar bezahlen, um ein paar Euro zu sparen.
Nun war es aber so, dass wir in den Urlaub fahren wollten. Am Sonntag sollte es losgehen, und wir wollten mit unserem neuen Auto fahren. Die Bankangestellte sagte mir, dass das Geld nicht vor Donnerstag der folgenden Woche verfügbar sei.
Ich habe mir sofort ganz intensiv gewünscht, dass das Geld, wie auch immer es geschehen sollte, bis zum Freitag vor unserer Urlaubsfahrt auf unserem Konto erschien. Ich habe meinen Wunsch an das Universum abgegeben und losgelassen, wie von Ihnen empfohlen.
Am Freitagmorgen, es war gegen 6 Uhr, hatte ich das Gefühl, unbedingt den PC einschalten und online auf unser Konto sehen zu müssen. Ich glaubte nicht, was ich da sah: Das Geld war drauf!! Es war technisch und rational überhaupt

nicht möglich. Aber es war da – und zwar schon seit Donnerstag!

Ich bedankte mich beim Universum, war glücklich und glaubte jedes Wort, das in Ihrem Buch stand.

Nun musste nur noch bezahlt und das Auto angemeldet werden, deshalb machte ich mich gegen 7 Uhr auf den Weg zum Autohaus. Aber wie schreiben Sie so treffend: Vorsicht bei der Formulierung eines Wunsches!

Denn genau das, was ich mir gewünscht hatte, war erfüllt worden, nicht mehr und nicht weniger! Ich hatte mir nur gewünscht, dass das Geld am Freitag auf unserem Konto verfügbar sein sollte, aber nicht, dass wir auch mit dem neuen Auto in den Urlaub fahren konnten.

Das Auto konnte am Freitag nicht mehr zugelassen werden, da die Zulassungsstelle freitags geschlossen hatte. So sind wir dann doch mit unserem »alten« Auto am Sonntag los, und ich habe mir geschworen, mich in Zukunft bei der Formulierung unserer Wünsche sehr genau an Ihre Empfehlungen zu halten.

Viele liebe Grüße

Birgit

Zum Schluss noch etwas zum Schmunzeln

Wie Ingrid vergessen hatte, ihren Wunsch zu widerrufen

Lieber Pierre!
»Genau dran gehalten und trotzdem falsch.« Das kommt davon, wenn man ganz loslässt ...
Was ist passiert? Mein Mann ist – unter Hinterlassung eines Schuldenberges – mit meiner Freundin auf und davon. Und zwar so auf und davon, dass wirklich niemand weiß, wo die beiden abgeblieben sind. Fakt ist, dass ich nach Lektüre Ihres Buches nichts Besseres zu tun hatte, als mir von ganzem Herzen meinen Mann zurückzuwünschen. Und irrsinnigerweise passierte dann so viel in meinem Leben, dass ich diesen Wunsch schlicht und ergreifend vergaß, also richtig losließ.
Sie ahnen wahrscheinlich, was passierte: Obwohl sein Weggang erst vor 3 Monaten war, war er aus meinem Kopf, meinem Herzen, sprich: aus meinem ganzen Leben einfach verschwunden. Und dann? Ja, da stand er plötzlich vor der Tür. Im wahrsten Sinne des Wortes »bestellt und nicht abgeholt«. Er passt nicht mehr in mein Leben. Ich

bin ihm nicht einmal mehr böse für sein damaliges Handeln. Denn das Buch hat mich auch in einer anderen Art verändert. Er kann nichts dafür, dass er so ist, wie er ist. Für irgendjemanden wird er schon passen, aber nicht mehr für mich. Meine Einstellung zum Leben ist nun positiv. Meine Probleme werden sich lösen, ich brauche vielleicht für mich einmal einen neuen Partner, aber einen, der wirklich zu mir passt. Und ich muss mich beim Universum schlicht und ergreifend entschuldigen, dass ich meine Bestellung nicht widerrufen habe. Was ich hiermit tue. Sorry!
Alles Liebe
Ingrid

Ich freue mich über jede neue Wunschgeschichte von euch

Alle hier veröffentlichten Wunschgeschichten wurden mir von Leserinnen und Lesern zugeschickt. Einige Namen wurden auf Wunsch geändert, sind dem Verlag aber bekannt.
Wer nun Lust hat, mir ebenfalls seine Wunschgeschichte mitzuteilen, ist herzlich eingeladen, sie an folgende Mailanschrift zu schicken:

info@pierrefranckh.de

Wenn eine eurer Geschichten in einem der nächsten Bücher erscheint, bekommt ihr als Dankeschön zwei Exemplare vom Verlag, mit einer persönlichen Widmung von mir.

Liebe Freunde, ich danke euch für euer wundervolles Vertrauen, das ihr mir mit euren Mails und Briefen entgegenbringt, und hoffe, dem auch weiterhin gerecht zu werden.
Ein wahres Geschenk beschenkt immer beide.
Herzlichen Dank dafür!

Wer mehr Informationen über mich und die aktuellen Aktivitäten erhalten möchte, möge sich bitte auf meiner Homepage informieren.
Wer meinen 14-tägigen Newsletter beziehen möchte, kann sich gerne auf meiner Homepage eintragen. Der Newsletter ist natürlich kostenlos.

www.pierrefranckh.de

Pierre Franckh gibt Wochenendseminare

- Wie lernt man wünschen?
- Wie wünsche ich richtig?
- Wie verleihe ich meinen Wünschen Kraft?
- Wie erkenne ich meine unbewussten Wünsche?
- Was torpediert meine bewussten Wünsche und was kann ich daran ändern?
- Wie wird man seine Zweifel los?
- Wie spüre ich all meine Glaubensmuster auf?
- Wie räume ich mir den inneren Weg frei, um meine Wünsche auch zuzulassen?
- Wie schaffe ich es, meine Wünsche zu verwirklichen?
- Wie kann ich mein Leben so gestalten, dass es für mich wundervoll wird?
- Wie schaffe ich es, in meinem Leben glücklich zu sein?
- Wie verwirkliche ich meine Ziele in Beruf und Partnerschaft?

Das Eingehen auf persönliche Fragen und Anliegen während des Seminars kann einen tieferen Einblick in die eigenen Verhaltensweisen des bisherigen Wünschens geben und Möglichkeiten aufzeigen, wie man aus dem Kreislauf der einengenden Muster aussteigen und neue Lebensqualität gewinnen kann.

Wenn wir einmal die Kraft des Wünschens und damit die persönliche Macht gespürt haben, Dinge in unserem Leben nach unserem Willen zu verändern, erhalten wir nicht nur unser Selbstwertgefühl zurück, sondern auch das Gefühl, eine ausgeglichene Person zu sein. Wenn wir beginnen, unsere Wünsche und Ziele erfolgreich umzusetzen, fühlen wir uns glücklich. Wir fühlen uns als aktiven Teil der Welt, die wir nach unseren Wünschen gestalten. Wir gehen raus aus der ohnmächtigen Abhängigkeit von anderen und hinein in die eigenständige Unabhängigkeit.
Erfolgreiches Wünschen verändert unsere ganze Welt: Unser Erleben, unsere Betrachtungsweise, unsere Wahrnehmung, unsere Partnerschaft und die Liebe zu uns selbst.

Wenn man einmal das Prinzip des erfolgreich Wünschens nicht nur verstanden, sondern auch tatsächlich erfahren hat, wie und dass es funktioniert, wird sich das ganze Lebensgefüge ändern. Wunder geschehen jeden Tag. Warum nicht auch bei Ihnen?

Alle Termine finden Sie auf der Homepage von Pierre Franckh (www.pierrefranckh.de)

Coach-Ausbildung

Die *Erfolgreich wünschen* Coach-Ausbildung mit Pierre Franckh richtet sich an alle, die als Coach arbeiten möchten bzw. beabsichtigen, dieses Training in ihr bisheriges Beratungsangebot zu integrieren.

Coaching ist eine spannende und herausfordernde Arbeit. Sie können Menschen in ihrer beruflichen und persönlichen Entwicklung unterstützen und zugleich an deren Veränderungen teilhaben.

In der Coach-Ausbildung und in der späteren Arbeit werden auch Sie sich verändern und entwickeln. Nur wer selbst einen Coaching-Prozess durchlaufen und sich dabei weiterentwickelt hat, kann erfolgreich coachen.

Mit dieser umfassenden Ausbildung erhalten Sie genau das Rüstzeug, um Menschen professionell und umfassend zu unterstützen.

Beginn: Die Ausbildung beginnt voraussichtlich Herbst 2008
Ausbildungstermine: Jeweils 5 Intensivseminare
Ausbildungsdauer: 1 Jahr
Nähere Informationen: www.pierrefranckh.de oder

W. Gillessen
Schönstr. 72b
81543 München
Tel: 089/68 07 07 02
Email: wgillessen@t-online.de